福岡

歴史がめ煮

博多区・中央区編

空閑龍二
RYUJI・KUGA

海鳥社

本扉写真・妙楽寺参道（博多区）

刊行に寄せて

九州大学比較社会文化研究院教授　**服部英雄**

歴史はさりげない姿で、私たちの目の前で黙って立ち尽くします。どんな歴史が隠れているかを見出すことには、ある種の関心と根気が必要です。著者の空閑さんはその持ち主です。この本は遠く旅に来て博多と福岡の昔をもっと知りたい人にも意外な歴史を語る、好個の郷土探訪書になるでしょう。ある年代になりやっと自由な時間を手にした、壮年以後の方々が今から郷土史に関心を持ち、昔の姿をたずね学ぶためには、いろいろな勉強も必要になります。本書はその一里塚、歴史好きへの恰好な手引書・案内書になるでしょう。

本書は丹念な歩きを通して、さりげない路傍の陰に埋もれた歴史の瞬間や、秘話・逸話を丁寧に拾ったと作者自身が語っています。歴史の片辺《かたほとり》に向きあう作者の歩きは、人々に新たな理解の糸口を与えるでしょう。作者が費やした長い読書時間と根気、資料収集との格闘は、並の研究者の努力を優に超えているように思います。

作者は史跡・遺跡の傍らで、それに因《ちな》む秘話をいくつも紹介します。本編内の伝承・説話とちょっと扱いを変えた「コラム欄」もあり、読み物風に紹介しています。その組み合わせ、素材の混交が歴史を一気に煮込む「博多がめ煮風」とは言い得て妙です。伝承説話と史実が一体となり、異風の楽しい歴史探訪記であり、退職後に敢然と一念発起し、豊富な自由時間をかけて挑んだ、一味違う郷土歴史読物です。旅人にも新鮮な興味を与えることでしょう。

私が勤める九州大学（六本松校舎）もやがて西へ移転します。大学で学ぶ青年が、歴史に満ちた町から遠ざかることに、多少の感傷を覚えます。青年が折々に肌で感じて身につけた町の歴史から、やがて遠のくことは間違いありません。住みなす町から得た体験は、青年たちの心の歴史の積み重ねですが、その日常を失うことでもあります。この本が青年たちの心を、いつまでもこの町に残す手がかりになってほしいと思います。

幸い一方で今、中高年者の歴史への関心が大きく膨らんでおり、別の力を感じます。この本が専門家との理解の溝を僅かでも埋め、老若男女を問わず、旅人とも問わず、忘れた話、消えかけた話、壊れかけた史跡・遺跡に、新たな目が注がれる一助となることを期待しています。

二〇〇九年　新春

福岡歴史がめ煮【博多区・中央区編】◉目次

刊行に寄せて　九州大学比較社会文化研究院教授　服部英雄　3

博多区

中央区

博 多 区

HAKATA-KU

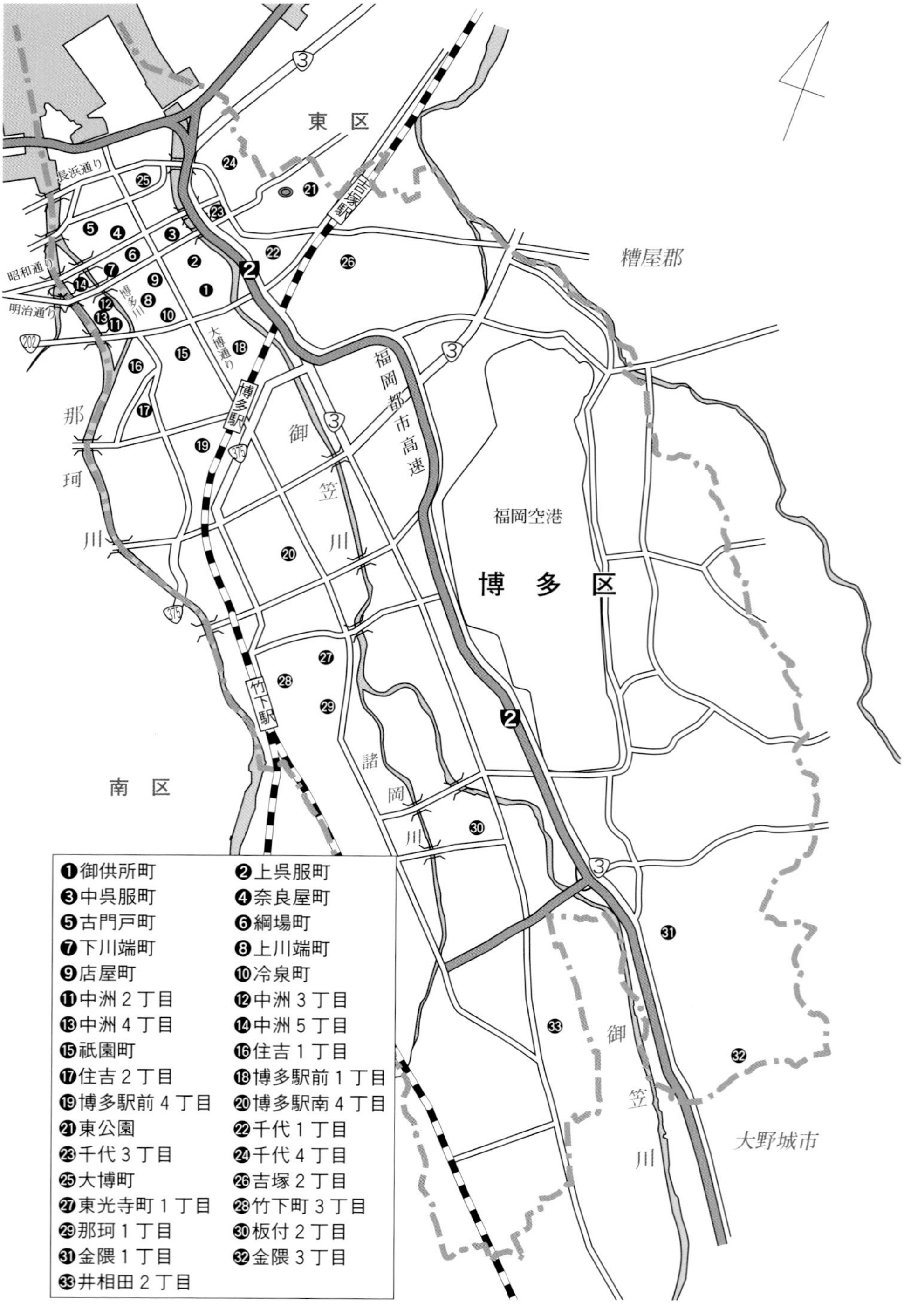
東　区
糟屋郡
博　多　区
南　区
大野城市
福岡空港
福岡都市高速
長浜通り
昭和通り
明治通り
大博通り
博多川
那珂川
御笠川
諸岡川
吉塚駅
博多駅
竹下駅
3
2
202
375
❶御供所町
❷上呉服町
❸中呉服町
❹奈良屋町
❺古門戸町
❻綱場町
❼下川端町
❽上川端町
❾店屋町
❿冷泉町
⓫中洲２丁目
⓬中洲３丁目
⓭中洲４丁目
⓮中洲５丁目
⓯祇園町
⓰住吉１丁目
⓱住吉２丁目
⓲博多駅前１丁目
⓳博多駅前４丁目
⓴博多駅南４丁目
㉑東公園
㉒千代１丁目
㉓千代３丁目
㉔千代４丁目
㉕大博町
㉖吉塚２丁目
㉗東光寺町１丁目
㉘竹下町３丁目
㉙那珂１丁目
㉚板付２丁目
㉛金隈１丁目
㉜金隈３丁目
㉝井相田２丁目

仙厓和尚の達観と洒脱

▽御供所町

【仙厓和尚】　仙厓《せんがい》和尚は、諱《いみな》を義梵《ぎぼん》、字《あざな》を仙厓《せんがい》といった。寛延三（一七五〇）年に美濃国《みののくに》（現・岐阜県）に生まれた。幼いときに清泰寺・空印円虚《くういんえんこ》和尚（一七〇四―八七）のもとで得度出家し、その後、諸国で修行を重ねた。武蔵（神奈川県）で永田東輝庵・月船禅慧《げっせんぜんね》（一七〇二―八二）に参禅し、多年の修行により月船の印可（お墨付き）を得て法を嗣いだ。月船和尚没後、諸国歴訪の修行に努め悟りを得た。博多聖福寺《しょうふくじ》第一二三世・盤谷紹適《ばんこくしょうてき》師（一七一四―九二）は、仙厓の噂を聞き、仙厓をよく知る大宰府戒壇院の太室玄昭《たいしつげんしょう》に、仙厓を後継に迎える相談をし、招請文を送った。その甲斐あって天明八（一七八八）年、仙厓は三十九歳で九州に西下、聖福寺・盤谷和尚と会う。肝胆相照らし後継を承諾して博多人となった。

仙厓和尚が晩年を過ごした幻住庵

　仙厓和尚は天明八年から天保八（一八三七）年まで、栄西禅師が開山した日本最初の禅窟、筑前国博多聖福寺に住み、その洒脱な生き様は博多人に愛された。容姿は四国猿に似て短身ながら、ひとたび口を開けば奇想天外な言葉を発した。筆を執れば名画家も及ばぬ不思議な筆捌き、一言添える賛（添文）のおもしろさは、今も博多人を魅了して止まない。

　三宅酒壺洞の『博多と仙厓』（文献出版）によれば、「仙厓を画僧と呼ぶ者もあるが、本当は師家である」という。彼の説明では「画僧とは、南北朝時代から室町時代にかけて、禅寺の組織のなかで、多くの禅画を制作した役職を持つ僧をいう。近世になり画僧に代わって狩野派などの本格的な職業画家が登場した。仙厓に称される師家とは、書画を描いて説法の解釈手法とした優れた禅僧を言う」と述べ、その代表が東に「白《はく》隠《いん》」、西の「仙厓」だと言っている。

　当時、名宗家僧侶の多くは信者の多少や、権威を示す紫衣で栄誉を誇るのが普通だった。そんな時代、本山妙心寺は仙厓に再々紫衣を勧めたが、当人に一切の名利の心がなく、法衣は不要と破れ綴りの墨染法衣で生涯を通した。博多人の気性に沁みる床《ゆか》しい和尚の人徳・風采であった。その人となりも「言葉少なく簡単明瞭、破れ作務衣《さむえ》で人々と作業した」という。聖福寺に住むこと三十年、学徒も次々に集まり法話は盛況だった。戯《たわむ》れと称する書画は面白く、そこで平易に法を説いた。頼山陽《らいさんよう》も和尚の徳を慕い頻繁に会っている。秋月藩お抱え画家・斉藤秋圃《しゅうほ》や奥村玉蘭《ぎょくらん》も親しく交わり、文化八（一八一一）年に弟子の湛元《たんげん》に跡を譲り虚白院に移った。

　後継の湛元は、若い頃から近在の花街通いをし、細事にこだわらない僧であったが、頑固者のため格式にこだわらぬことで藩の咎めを受け、宗像大島に流された。仙厓は再び聖福寺住持に戻ったが体をこわし、弟子の龍巌禅初《りゅうげんぜんしょ》（一八〇七—四八）に跡を託して虚白院に退き、八十八歳の生涯を閉じた。天保十二（一八四一）年三月二十六日、勅して「普門円通禅師」と諡《おくりな》された。

　仙厓の晩年は書画を求める人が増え、その対策として絶筆宣言をした。天保四（一八三三）年の秋、歌一首を石に刻み庵側に置いて意志を示した。「墨染めの袖の湊に筆捨て　書きにし愧《はじ》を　さらす波風」。

　今も仙厓和尚は博多人に「仙厓さん」で愛され、幼児期からその話を聞かされて育つ子も多い。

【周辺スケッチ】　御供所町の聖福寺へ向かう途中、西教寺前を過ぎると一朝軒（西方寺）前になり、その東側が仙厓寓居「幻住庵」である。その中に仙厓が隠棲した虚白院がある。

仙厓老人六歌仙

「老人六歌仙」を紹介する。その人間観察の確かさ、避けようもない人間の老い先・行く末を達観した大人の分別を、あらためて仙厓の慧眼から学んでみてはどうだろう。

一

しわがよる　ほくろができる　腰曲がる　頭が禿げる　ひげ白くなる

二

手は震う　脚はよろつく　歯は抜ける　耳は聞こえず　目はうとくなる

三

身に添うは　頭巾《ずきん》、襟巻き、杖、眼鏡、湯婆《たんぽ》、温石《おんじゃく》、溲瓶《しびん》、孫の手

（「たんぽ・おんじゃく」は昔の簡易暖房用具）

四

聞きたがる　死にともながる　淋しがる　心がひがむ　欲深くなる

五

くどくなる　短気《きみじか》になる　愚痴《ぐち》になる　出しゃばりたがる　世話やきたがる

六

またしても　同じ話に　子を褒める　達者自慢に　人はいやがる

若い人達には、老人はとかくこうなるものだと、寛容を頼むほかはないが、これが老いの現実である。

老人の現実を普通にわきまえ、仙厓和尚「老人六歌仙」を肝に銘じておくことは、若い人にとっても、老人にとっても悪いことではあるまい。

最後に、仙厓の有名な賛文を紹介する。ぺしゃんこ顔の男が尻を突き出し放屁の図がある。

屁なりとて
あだなるものと思うなよ
ブーッと言う字は仏なりけり

悪ふざけでなく、和尚一流の洒脱の境地とされている。

博多一朝軒・元祖尺八

▽御供所町

【虚無僧寺・西光寺】　金松山と号する西光寺。門柱左側に「西光寺」、右手に「博多一朝軒」の門札がある。住職夫妻は、共に一朝軒伝法竹（普化《ふけ》宗尺八）家元という。

天蓋をかぶり尺八を吹く虚無僧、普門宗の寺として、寛永年間（一六二四—四四）、祖貞が博多で開山した。第五世の一空祖因が矢倉門に建立した臨済宗聖福寺《しょうふくじ》に属したが、普化宗として独自の宗風をみせた。明治四（一八七一）年に普門宗が廃止され、家元は旧秋月藩黒田家の庇護のもと継嗣された。

十九世没後、家元は肥前や肥後の寺に移ったが、現住職夫妻により再び博多にその真風が再興され、福岡県無形文化財となった。

一朝軒伝法竹は大小長短と各種で、固有の作法で吹奏する曲は、本曲、外曲、明暗流古典本曲などがある。

一朝軒と幻住庵への入口

寺には貴重な一朝軒文書史料もある。

普化宗の祖は、中国唐代に鐸《たく》を鳴らして布教した普化禅師という。宋で修行し、建長六（一二五四）年に日本に帰国して、紀州由良の興国寺を開山した円明国師が、初めてその宗風を伝えたといわれる。帰国時に連れ帰った普化宗の居士たちが、寺に住み鐸の代わりに尺八を吹いて修禅した。南北朝時代に南朝のために戦った楠正勝は、世を忍ぶため出家し、天蓋をかぶり尺八を吹いて諸国行脚をしたことから、虚無僧の祖とされている。

一朝軒と幻住庵方向への道路口に、車両通行を規制する楼門風の構え口がある。「最初禅窟」と彫られた古い石柱が傍に立つ。その先は狭い道が綺麗な散策路になり、塀が落ち着いた景観を添えている。路地の周囲は静寂な雰囲気に満ち、車が通らない路地なので、あたりは徒歩が一番好ましい閑静な散策路である。

【周辺スケッチ】 博多古刹である聖福寺墓地の北隣り、仙厓和尚で有名な幻住庵の真向いにある、樹木と竹藪で鬱蒼とした庭内が一朝軒である。道順は千鳥橋から国道3号沿いに南下、西門橋《さいもんばし》を西に渡る。西門通りを少し行くと老舗蒲鉾店がある。角を左折し西教寺前を通りすぎると、西光寺の門前である。

一朝軒道場

東長寺

▽御供所町

【忠之巨大墓碑と福岡大仏】 大同元（八〇六）年に唐から博多大津に帰国した空海（弘法大師）は、持ち帰った仏像、経本、仏具を収蔵するため船宿を買い求め、自作の不動明王を御本尊にして寺を開山した。空海が開山した日本最初の寺を「密教東漸して長く将来に伝えん」の願いから「南岳山東長寺」と名づけた。当初の寺は現在の博多小学校（旧・奈良屋小学校）の西側付近にあったという。

東長寺境内

東長寺門

　空海がしばらく寺にとどまり、真言宗九州総元締めとなると、九州各地の僧が集まるようになった。そして勤行が行われるこの町を「行《ぎょう》の町《ちょう》」と呼ぶようになった。寺跡には「旧行ノ町」の石碑も建っている。この古い町名の由来は、小田部博美氏著『博多風土記』（海鳥社）で知ることができる。

　東長寺は元寇・文永の役で全焼し、戦国時代にかけ再建と焼失を繰り返した。黒田二代藩主忠之が大壇越《だいだんえつ》となり現在地に再建した頃は、櫛田神社を管理し町民に親しまれる大寺になっていた。庫裏《くり》の「持佛堂（四階）」に徳川家康、秀忠、家光及び歴代黒田藩主の位牌が祀られ、また黒田藩主二代忠之、三代光之、八代治高の墓もある。特に忠之の墓は殉死者六人の墓を前二列に並べた巨大墓である。殉葬は三世紀前半ごろに始まったとされるが、近従の家臣が主君の死に殉じる風潮は鎌倉時代から顕著になり、江戸時代になり、家臣の集団自死が美風扱いされるようになった。忠之墓はその時流の典型らしい。幕府はこの風潮を憂慮し、寛文三（一六六三）年、殉死禁止令を出した。忠之の墓はそれ以前に建てられたと考えられる。

　大師堂は寛永年間の建築様式で、この寺で最古の建物である。黒田忠之の寄進で、開山時の不動明王と弘法大師の像、千手観音立像などを祀る。かつては三月二十一日の正御影供は博多岡部の宮日で、博多独楽《こま》の競演もあったが、今は途絶えた。

　平成四年に「福岡大仏」が安置された。完成まで昭和六十三年から四年を要し、檜《ひのき》彫り坐像高は一〇・六メートル、光背全高一六・一メートルに七仏や十三仏を彫り、後壁面に五千体の小仏を祀る日本最大の木造仏である。坐像は二メートルほどの台座の上にある。台座下は左が入口、右に出口があり、参拝者は台座下を巡回でき、そこを「地獄の入口・出口」と呼ぶ。この暗闇めぐりは一切の光が遮断された闇の廻廊で、壁の手摺と声だけが頼りである。地獄の雰囲気かもしれず、異次元世界を体験できる。暗闇を忘れた現代人に、己の頼りなさを再認識させる場所かもしれない。

　東長寺は、忠之の巨大墓碑、福岡大仏像安置の塔堂などが珍しく、また坐像台座下の暗夜行路もお勧めする。

【周辺スケッチ】　大博通りは北端の築港本町から南の博多駅まで、約二キロの通りである。駅手前五〇〇メートルの所に地下鉄祇園駅入口があり、界隈に東長寺外堀が南北に長くのびている。大博通りと交差して国体道路が東西に走るが、この道は戦後の福岡国体開催を記念して開通した道である。戦後の復興と相俟って史跡が次々に発掘され、寺も集中する一円である。近在の寺を言えば、勅賜承天禅寺、妙楽寺、聖福寺、幻住庵、西光寺（一朝軒）、本岳寺、妙典寺、本興寺、本長寺、海元寺、一行寺、選擇寺《せんちゃくじ》と、御笠川（旧・石堂川）西岸沿いに三十ほどの寺が集中し、江戸時代には寺町とも呼ばれた。東長寺は聖福寺、承天寺に次いで壮大な景観を見せ、黒田藩主菩提寺としての存在感を示している。

妙楽寺由緒

▽御供所町

【山門呑碧楼と為遣唐使駅】　妙楽寺は正和二（一三一六）年の創建。かつて博多津全盛時の息浜《おきのはま》にあった。博多の有力商人が檀越《だんえつ》となる寺で、元寇防塁の旧址にあやかり「石城山妙楽円満禅寺」という。山門、仏殿、法堂、庫裡《くり》、僧堂、鐘楼、浴室や七堂伽藍を有し、塔《たっ》頭《ちゅう》一九宇や志摩郡芥屋（現・志摩町）など五村に七〇町余の寺領を持っていた。博多津の地理条件も加わり、「妙楽寺為遣唐使駅」と称し、国内はおろか、朝鮮・中国まで名が轟いた高名寺院で海外への拠点となった。かつて妙楽寺には、博多湾を一望できる高楼「呑碧楼《どんぺきろう》」があった。山門呑碧楼からの景勝の素晴らしさは有名だったようだが、現在はない。

　延徳二（一四九〇）年頃にはすでに足利将軍家の祈禱所であった。天文七（一五三八）年の博多大火で類焼し、復興したが永禄二（一五五九）年の大友氏と筑

妙楽寺参道

紫氏の争乱で再び焼失、さらに天正十四（一五八六）年の兵火と、五十年に三度の火災に遭遇し復興できずにいた。

慶長年間の黒田長政時代、承天寺と聖福寺の中間に、両寺の境内を割いて新たな寺地を設け、現在の妙楽寺地が移転再興された。その後、息浜の妙楽寺跡一円は「妙楽寺前町」となるが、昭和四十一（一九六六）年に、町名が古門《こもん》戸町《どまち》となり、古き由緒の町名は消えた。

妙楽寺の創建について触れる。古く博多は、那の津、博多大津、博多津などと呼ばれる博多湾沿岸の呼称で、日本三津のなかでも中国・朝鮮交易要衝の一つであり、大宰府外港として発展、鴻臚館や警固所はその付属施設であった。平安の末に平清盛が南宋貿易のために築いた「袖の湊」を経由し、中国人居留地への往来も多かった。日本の留学僧も入宋と帰朝のたびにこの地で待機し、一方では中国人居留地大唐町も生れた。このような地理的・時代的環境のなか、建久六（一一九五）年に栄西《ようさい》が聖福寺を「扶桑最初禅窟」として創建した。半世紀後に大宰府横岳に崇福寺、博多の承天寺などが開基され、少し遅れて姪浜興徳寺、一世紀後の南北朝時代に博多東部多々良に顕孝寺《けんこうじ》、西部の今津に勝福寺《しょうふくじ》が創建された。博多息浜の石城庵の旧祉を基盤に博多有力商人が発起し、月堂宗規《げつどうそうき》を開山に迎え、妙楽円満禅寺が開かれた。

このような時代背景のなか、海外交通の要衝・博多津息浜の禅刹寺創建は、自然に留学僧の宿泊所となり、帰化人も次第に増え多面的な文化流入も増えた。「外《うい》郎《ろう》」の始祖は、博多で帰化した中国人というのも合点のいく話である。

補足付記を二つ加える。一つ、息浜妙楽寺創建時の寺域は八町四方で、近世に入って移転後は、妙楽寺前町・古渓町《こけいちょう》・新町となった。古渓町名の由来は、天正十六（一五八八）年に秀吉の不興《ふきょう》を買って博多へ隠棲した大徳寺古渓宗陳にある。配所は大同庵であった。二つに、妙楽寺開基の月堂は、一説に宗像出身といわれ、宗像氏と何らかの関係があったとも推測されるという。宗像郡田島村興聖寺（現在は宗像大社の真南に同名の寺がある）は、宗像大宮司が菩提寺として創建した。宗像氏は中国人張氏と婚姻関係を結び対外貿易にかかわり、博多石城庵や妙楽寺創建では大きな力を与えたともいわれる。

【周辺スケッチ】　博多御供所町界隈には、南から承天《じょうてん》寺《じ》・妙楽寺《みょうらくじ》、聖福寺《しょうふくじ》が並び建つ。博多の追い山笠は櫛田神社を出て早々、承天寺門前で山を止め、「祝いめでた」の大合唱をし、再び市街コースに走り出る。妙楽寺—円覚寺—聖福寺前と狭い門前路地を豪快に疾駆する勢いは最も高潮し、追い山の醍醐味を肌近く感じる。禅刹門前を走ることは「祓いの霊験あらたか」とされ、山笠コースはそれぞれの寺院の門前を順に駆け抜け、三十分あまりで須崎町のゴールに達する。

ういろうの元祖

▽御供所町

【ういろう伝承の碑】　今では「外郎《ういろう》」は、名古屋名物のほか全国各地で有名だが、日本で最初に製造されたのは博多妙楽寺である。少し念入りに本家来歴を紹介する。

陳延祐《ちんえんゆう》という男は、元《げん》の役所で礼部員外郎を勤め、元が滅亡後に来日し妙楽寺塔頭明照庵に寄宿、日本帰化を果たした。延祐は応永二年七月に七十三歳で明照庵に没し、その子「宗寿」（外郎とも称した）はのちの博多商人

妙楽寺門前

妙楽寺前の「ういろう伝来之地」碑

平方吉久の父親である。

宗寿（外郎）は妙楽寺で「寿香《じゅこう》」、別名「透頂香《とうちんこう》」をつくり美味と評判を得た。毎年足利幕府へ献上し義満に賞味され、後世、義満に招かれて京都に役宅を貰い、寿香製造以外にも外交ブレーンを務めた。この「寿香（透頂香）」が「ういろう」と呼ばれ、代々の秘法で製造継承されたという。

ういろうは、戦国期に「宗寿一族」の誰かが小田原に移り住み、北条氏に献上したことから「小田原名物」になったといい、今では博多より小田原、名古屋、山口の名物という印象も強いが、「元祖ういろうは博多」との再認識をしたい。本来、ういろうは薬として製造され、小田原で製造販売される頃から街頭販売の口上が始まったという。

「石城遺宝拾遺」は妙楽寺に残る室町時代の古文書をまとめ、元禄十三（一七〇〇）年に妙楽寺から刊行されたが、大部は寺に関する漢詩である。保存版木は昭和二十年の福岡大空襲で焼失したが、平成三年十月に広瀬正利氏解説の現代版が出版された。

【周辺スケッチ】妙楽寺在所は大博通り東長寺の裏手、永寿寺と円覚寺の北東寄りにある。妙楽寺山門を入り、永寿寺南沿いに一〇〇メートルばかりの長い参道が延びて本堂前に至る。参道が尽きる正面に「ういろう伝来之地」碑が立つ。この寺には鷹鳥養巴《たかとりようは》や博多三傑の一人・神屋宗湛の墓、そして禁断の豪商・伊藤小左衛門とその子の合祀碑などがある。

富士見坂と二つの地蔵尊

▽上呉服町

【葛城地蔵と将軍地蔵尊】　民家の門口から屋内の細長い通路を奥へ進むと、狭い奥庭があり、そこに葛城地蔵と将軍地蔵が祀られている。民家の表には食事処の看板がある。奥庭の大きな二枚の由緒板から概要を紹介する。

延喜年中（九〇一―九二三年）、この家の地下から梵字彫刻のある石が発見されたので、地蔵尊を祀ったのが起こりという。このあたりは浜辺で水も清らかで、冷泉の津の「富士見坂」由来の地としても選ばれていた。ちなみに延喜元（九〇一）年は菅原道真が大宰府に流された年である。「富士見坂」の名はこの浜から遠く西に、糸島富士（可也山）が遠望できたことからそう呼ばれたという。

確かに今でも、北の方角に向かい緩やかな下り坂になり、かつて丘陵の坂の途中から糸島富士が見えたに違いない。

天長九（八一四）年に始まった鎮護国家のための宝満山の山伏修行・葛城峰入りには、必ずこの地を訪れ法華曼陀羅の経文を読む霊場となった。やがて「葛城地蔵尊」の名を称えるようになったという。その後正和年間（一三一二―一七）、御堂が建立されたが、足利時代の度重なる兵乱で焼失した。寛文年間（一六六一―七三）に再建した当時の建物は、本堂一棟（間口二七三センチ、奥行七二七センチ、坪数六坪）で、境内は四一坪あったという。

昔から山伏の参拝は続いていたが、寛文年間に直方黒田藩の陣貝役（法螺貝吹き）が、性格の過激さゆえに藩役御免になり、この堂守に移ってきたといわれている。その息子が還俗（出家から俗世に戻る）し、以後は宝照院の住職が奉仕するようになった。

葛城地蔵御本尊は梵字が彫られた石だが、参拝者の信仰が得られるように本尊前に地蔵像を彫刻して安置した。厨子の下には石の塔婆が多数重なり、中に五輪の塔の破片が約十五個、石塔の砕けが十個ばかりあり、いずれも刻字が浅く判読しがたいとある。

以上の概要を記した解説板は、昭和三十四年一月二十四日、宝照院住職・大岡良道権僧正による旨が明記されている。

　将軍地蔵の由来記には、「天福の頃（一二三三―一二三四年）、博多の津に疫病が流行し苦しむ様子を早良郡荒平の城主亀井加賀守が出入り商人や職人から聞き、この事態を救おうと紀伊国（和歌山県）の熊野権現を勧請し、病魔退散の祈祷をして、悪疫が治まった。それ以後将軍地蔵尊として合祀されている」とある。

　この狭い堂内空間には猿田彦大神も祀られている。

入り口は食事処の横にある

昭和の中頃、このあたりは火事が大変多かった。あまり度重なるため、ある女性が祈祷師に相談すると、猿田彦の神が埋まっていると告げられた。近所の畳を次々に剝ぐうち、ある家の土中から猿田彦神の半身像が見つかった。早速掘り出し近くの四つ角に祀ってからは、火事がなくなった。以来この堂内に一緒に同居し祀られているという。

　科学に縁のなかった時代の、心の拠り所として残る伝承だが、食事処である民家の奥庭に、地蔵尊が祀られている珍しい場所である。

細い通路が祠へと導く

【周辺スケッチ】　現地を訪ねるコースは、東西二方向からある。一つは千代町の国道3号線から御笠川の西《さい》門《もん》橋を渡り、博多老舗の蒲鉾屋前を直進すれば間近い。他方の西ルートは、呉服町大博通りを博多駅に向う最初の左角に、中央三井信託銀行がある。この角を左折して東に向かう。

　路地の両側は小さな商店が続き、昔ながらの町屋通りの雰囲気がある。お食事店横に将軍地蔵の標示があり、入口の高みに葛城地蔵・将軍地蔵の案内がある。

伊藤小左衛門

▽中呉服町

【禁断の豪商と萬四郎説話】　博多の豪商といえば、秀吉恩顧の島井宗室、神屋宗湛、家康に重用された豪商・大賀宗九がいるが、さらにもう一人の異端の豪商が伊藤小左衛門である。

　近松門左衛門の「国姓爺合戦」のモデル、鄭成功《ていせいこう》（一六二四―六二）は明と日本の混血児で、抗清復明運動の資金獲得に海上取引をした。同じ海域で二代目小左衛門も武器素材の鉄と重要な流通品や米を扱い、藩財政を助け、一方で自身も蓄財し、それを元手に伊藤小判を鋳造し、藩の海外雄飛を利用し海上密貿易に手を染めた。

　巨額の身代を築き、黒田藩お抱えの西国一の豪商となる。二代目小左衛門の密貿易は発覚し処断され、その一族が妙楽寺に眠る。近松門左衛門の歌舞伎「博多《はかた》小女郎浪枕《こじょろうなみまくら》」は浄瑠璃ものだが、素材に西国密貿易を

萬四郎神社

扱い、二代目小左衛門の事件が下地という。

　初代小左衛門は長崎街道や唐津街道筋を商圏にして、博多の豪商に駆け登った。二代目小左衛門は、禁じ手の密貿易・武器商いを徳川幕府に糾弾され、一族・手代が断罪された。徳川幕藩体制下の粛清である。福岡藩は元々、海外貿易に強い関心があり、鎖国路線を見据えながら海外貿易に慎重な対応をした。慶長末の幕府は、五〇〇石以上の船の築造を禁止する令を全国一円に出した。それは貿易で諸大名が強大化するのを恐れてのことだった。海国である日本は各地で密貿易が行われていたと思われるが、幕末になると、薩摩藩は巧妙な幕府との駆け引きで実質的な密貿易を行い、その財力を幕末の大舞台・明治維新で主役の座を保有する力としたことはよく知られている。

　福岡藩は密貿易の咎《とが》めを受けた。福岡藩は幕府に対し、父祖如水なみの豪胆さは示さず、むしろ島津や鍋島のような旧族藩と異なって、徳川を支える自負もあり、正面から幕府の意向には逆らえなかった。二代目小左衛門の断罪は、徳川幕府の威光に恭順し、なお自藩の海外貿易路線を保持するための苦策であったようだ。事実二代藩主忠之は、海外貿易策を積極的に進めようとし、長政が自重した大船建造に絡む黒田藩騒動(栗山大膳事件)を起こした。小左衛門密貿易にはそんな時代背景もあったのだという。

　初代小左衛門のルーツについては、武野要子著『悲

劇の豪商 伊藤小左衛門』に「元祖小左衛門一族は長崎街道筋・木屋瀬《こやのせ》付近の出自では……」という興味深い一文がある。その話の根拠は江島茂逸氏著の『伊藤小左衛門伝』と津田元貫編の『石城志』からの推論といわれる。

黒田の筑前入部当時の幹線路は八街道で、通行頻繁な長崎街道の経路に「木屋瀬」があった。また木屋瀬の先の分岐道に唐津街道もあり、「青柳村」と通じ博多にも通じていたという。伊藤家のルーツが粕屋郡青柳村（現・古賀市青柳）という話は興味深い。街道筋の繁栄を思えば、木屋瀬も青柳も当時最大の港町博多を視野に入れて、往来に便利な土地であったはずという点で一層興味深い。史家の青柳ルーツ説を推量するうちに、青柳街道に一段の興味を持つ契機となった。

さて小左衛門一族に由縁の神社が、下呉服町（旧・中浜口町）にあるお稲荷さんの「萬四郎神社」である。博多町人学者の奥村玉蘭著『筑前名所図絵』では、萬四郎恵比須社は小左衛門屋敷跡の裏手に稲荷を祀り、小左衛門が長崎と福岡を往来するたびに、この家の奥に住む狐が行き来して主人に事々を知らせたとある。小左衛門が武具を朝鮮に売った罪で長崎で磔《はりつけ》になり、伊藤家が断絶した際、狐も死んで稲荷に祀られたという。

元来恵比須神は、航海・運輸業の商家が好んだ福神である。小左衛門刑死後に屋敷内にあった稲荷社を町内の人々が相談し、三男小四郎、四男萬四郎を祀ったと伝わる。また、磔になる小左衛門の子の小四郎・萬四郎を救うため、藩の警固役人が固めていた小左衛門屋敷から、狐が二人を背に乗せて逃がしたという伝承もある。この神社で遊ぶ子は怪我をしないというのも、狐のお守りがあるからだと伝わる。

小左衛門父子と一族の墓は菩提寺妙楽寺にあるが、寺の過去帳には、小左衛門の妻、小四郎、萬四郎は、小左衛門と共に刑死と書かれているという。

【周辺スケッチ】 妙楽寺は円覚寺の南隣、博多追い山コースの承天寺北方にある。小左衛門父子の碑、一族墓碑は妙楽寺境内・開山堂横にある。また萬四郎神社は、昭和通り蔵本交差点横の、日本通運ビル東側の公園そばにひっそりと祀られている。

海元寺

▽中呉服町

【閻魔寺と十王図】　元は真言宗寺・大福寺といった。のち浄土宗に変わり慶長年間（一五九六―一六一四）に現在地に移った。御本尊の阿弥陀像は鎌倉時代の作で、寺の別名を「閻魔寺《えんまでら》」と呼ぶ。正月と八月十六日が縁日で、閻魔堂大祭が開かれる。大祭当日は堂宇の扉が開き、閻魔大王と奪衣婆《だつえば》像が拝観できる。

　閻魔堂の由来を紹介する。筑前の武士、鎌田九郎兵衛の槍持源七が上方に出奔、ある辻堂で閻魔像の首を盗んだ。だが源七は罪の呵責を覚え、出家し円心と号し筑前に戻り、持ち帰った首を祀った。堂宇の閻魔大王像の前方下に、三途の川にいる奪衣婆《だつえば》が坐っている。縁日大祭には奪衣婆の前にこんにゃくを供える風習があり、山盛りのこんにゃくが積まれるという。子供の病気を治し、母乳の出が良くなると信じられている。

　恒例の八月大祭で披露される十王図《じゅうおうず》掛軸の由来を紹介する。現在では地獄絵図や、閻魔様の「舌抜き」などの怖い話は、ほとんど聞かれなくなった。昔は幼い子には「嘘を言うたら、舌を抜かれるぞ！」と、真顔で子供に言ったものである。

海元寺の「閻魔堂」扁額

　そんな風潮も消えかけた現代だが、この海元寺は浄土宗寺として、「極楽往生にはお念仏を」と勧める。閻魔大王は、死者の生前の行状を調べ、その罪の深さを判断し、地獄での反省を求める重要な役を務めるという。

　地獄は八つの世界で示され、死後から三回忌まで、罪滅ぼしの地獄苦行を十回に分けて強いる。地獄の苦行を強いる各々の大王は「十王」と呼ばれているが、実は地獄の十王は仏の化身であり、仏が姿を変えて死者に罪の反省を求め、念仏によって身の潔斎を果たし、

「十王図」開帳の日は人で賑わう

その結果、亡者は浄土に導かれるという。

　人は死後、閻魔の裁きを受けるまで中有の世界を迷うとされ、最初に三途の川を渡ろうとする時、川岸で白髪の老婆、奪衣婆が待ち構えている。出会う亡者から強引に衣を剥ぎ取るため、亡者はその恥辱に堪えきれず哀願するが、奪衣婆曰く「現世で人をはずかしめ、傷めた罪と比べてみよ」と容赦なく衣を剥ぎ取る。亡者の最初の試練である。奪衣婆は亡者の衣を傍の木の懸衣翁《けんねおう》に渡し、翁はそれを衣領樹《えりょうじゅ》の枝に掛け、衣領樹の枝のたわみ加減で罪の重さを判断する。地獄書記官が大王に罪の程度を報告するのだ。衣の剥ぎ取り以上に過酷な地獄の責め苦が、前世の罪ほろぼしを意味する。

　俗に言う初七日以後の七日毎の供養が続き、百か日、一周忌と続く。やがて三回忌であらかたの罪が消えるという。もちろん、それでも罪が消えない悪業の者は、阿弥陀仏の化身、五道転輪王の前で再び釜焼の責め苦を受ける。奪衣婆から五道転輪王までの様子が語られているのが寺の「極彩色十王図掛軸」で、閻魔大祭の日に展示される。

【周辺スケッチ】　旧唐津街道を箱崎から博多部に向う旧称水茶屋通りを行き国道3号を横断し、石堂橋を渡れば「旧官内町」である。名の由来は郷土史書『石城志』に、「大宰府の役人が館を置き、附近を守護した由縁でのちに官内《かんない》と名づけられた」と記されている。昭和二十年六月の博多大空襲では、猛火が光安青霞園の建物辺りで止まり、東側一帯は辛うじて焼失を免れた。江戸時代の大店《おおだな》跡や大正時代のロマン様式古建築も一部に残る。周辺の道幅は戦前並みに狭く、何やら昔の匂いを残している。一帯は現町名を中呉服町という。

一行寺

▽中呉服町

【俳人河野静雲誕生の寺】　一行寺《いちぎょうじ》は、浄土真宗三笑山日水院と号し、文安元（一四四四）年に照阿上人が博多辻の堂（現・博多駅前一丁目）に創建開山した。その後、寛永年間（一六二四―四四）に十四世の満誉行覚上人が、藩から現在地を賜り移転し中興開山した。創建時の堂宇が隠居坊「日水庵」で、鎮守社は厄除けの若八幡宮である。創建時の宗門は不明だが、知恩院の春誉上人に従い満誉行覚上人が伝法し、浄土宗に帰宗したという。別説に十八世徳誉上人が現在地に移して中興開山したとも、再興したともいわれるが、寺の在住年代が重複しており、不確かという。徳誉上人は栖古和尚ともいい俗名は大須賀、遠江《とうとうみ》（東海道）の人で能や書画・馬術に長け、藩主・長政に望まれて入山したと伝わる。

九州俳壇の重鎮である河野静雲が出生した寺で、杉山茂丸（夢野久作の父）や、泰道（夢野久作）の父子の墓もある。大正・昭和初期の文人由緒の寺である。

一行寺が現在地に移転した後は隠居坊となり、開山の照阿上人の母堂法名から「日水院」と名がついた庵がある。境内に円修院、西光院、月桂院、三条院の四院があったが、一行寺に合併し鎮守社だった若八幡宮だけが残った。終戦当時は一行寺の石碑も残っていたらしいが今はない。

開山した照阿上人については、次のような話がある。足利四代将軍義持の弟・義嗣は照阿上人の父であるという。義嗣は将軍である兄に離反し、兄の執事・上杉

杉山家墓碑。杉山茂丸，夢野久作もここに眠る

氏憲（禅秀）の反乱に加担して敗れ、山城に脱出し出家して道純と号した。義嗣は兄の追及を覚悟し、懐妊中の側室・朝日局を日向に下向する者に預けた。その際、父・義満の持念仏で行基の作という「聖観世音菩薩立像」を守り本尊として託した後、義嗣は兄に処刑された。

　朝日局は持念仏を頼りに旅に出た。途中、供とはぐれ疲労困憊の中、応永二十三年十二月に粕屋郡田富村（現・志免町）で行き倒れた。郷民世利采女《うねめ》に救われるが、翌年、屋敷で男児を出産して後に死んだ。采女が育てた子は十二歳で出家し、照阿と号し、母の菩提を弔うため、正長元（一四二八）年に発心山菩提院西福寺を建立開山する。照阿は亡母の形見となる聖観世音菩薩立像を日夜、西福寺で祭祀・読経し菩提を弔ったが、仏像はいつしか所在不明となった。立像の掛け軸は模写ながら、その縁起が西福寺に保存されている。照阿上人は明応八（一四九九）年八月に八十三歳で没し、母の霊牌と共に西福寺に安置されている。なお、一行寺を中興した満誉上人は足利義満の後裔であるという。

一行寺の門前

　門前の紋入幔幕は、一見博多にわか面風にも見え、寺行事日に張られて風流な佇まいをみせる。

【周辺スケッチ】旧唐津街道筋入口の官内町・海元寺の南向かい側にある。人通りの少ない町筋で、遊女・雪友の墓でも有名な選択寺《せんちゃくじ》と東西に並ぶ。博多の俳人河野静雲や杉山茂丸とその子・夢野久作の墓所でもある。

俳人・河野静雲

九州俳壇の重鎮・河野静雲が、箱崎馬出《まいだし》の松原称名寺に寓居していた時代、昭和十六年に刊行した句集『閻魔』（冬野発行所）がある。大正五年から昭和十五年まで「ホトトギス」や「俳諧」などに掲載された句から、高浜虚子が選んだ六〇〇句が収録された。この句集の「序」では、虚子自らが静雲の人となりについて触れている。虚子が「序」で心をこめて語った静雲観を静雲の句をまじえて紹介する。

静雲君は九州俳壇で特異の存在であるばかりでなく、日本俳壇でも特異な存在である。（中略）ある時分に彼の句を知り、時宗の僧だろうと思ったが、たびたび句を知るようになり、ちょっと、禅坊主の風格を感じる一方で、矢張り浄土門の宗徒風を感じ、いつしか句の風格に惹きつけられていた。

昭和三年に福岡の俳句会に出た時、万事は吉岡禅寺洞君がきりまわし、天の川もまだ成長途中であったが、その時に宿舎に訪ねてきた数人の俳人の中で、先頭で対座したのが静雲君だった。その態度は正座姿勢で当方を凝視し、極めて寡黙であった。その後の印象も初対面以後と変わらず、徒《いたずら》に面貌を変化させたり、言葉を巧みにするなどの気配はなく、いわば鋭い禅僧の感じがした。

よくできた禅僧は、一見して普通の人と変わらぬ好々爺の気配があるが、静雲君はたまたま容貌が魁偉に見え寡黙なせいもあり、気風はあらわでないが本当の静雲君は、もっと奥深い融通性を持った人間らしい人だというほうが当っているように思う。

『閻魔』の中で、虚子は多彩な評を試み含蓄も多いが、中でも庶民派のような感覚で禅僧が詠んだような雰囲気の一句に、思わず静雲の洒脱の心を垣間見たと言っている。

「身辺を皮肉といっては語弊もあるが、冷淡でもなく一段高いところに身をおいて、世相を冷ややかに見ている」という虚子の言は適切な静雲評である。心情をくすぐる滑稽な境地を詠んだ幾つかの句を紹介し、面影を連想してもらおう。

彼の女今日も来て泣く堂の秋
花火見て僧ににこともとの座へ
甘茶番して新発意の嫁美人
人影に股火の和尚すっと消ゆ
引導の偈《げ》を案じつつ股火鉢
方丈や法衣を脱げばちゃんちゃんこ

彼は坊主であり、日参の老婆や寺へ無沙汰の檀家氏の挙措もしっかり見つめていて優しい。

この世に余命幾ばくもない婆様にも、相当の我慢や誇り、見栄もあり、そのあわれが一変し、滑稽となる様子を遺憾なく詠んでいる。

しみたれの袋をさげて彼岸婆
花むしろ踊れる婆々に爺不興

私達の寺と先祖への複雑な心境を喝破した、俗僧離れした句を紹介する。

盆布施のきばってありしちとばかり

こんな心境を達観できる人は、すでに俗僧ではないと虚子は心酔し降参した。虚子はのちに、自分のお経は静雲師にあげてもらおうと子供に言ったという。

お経でなくても良い、一言、三言ぐじゅぐじゅと言ってくれればそれで良い。最初の対面のとき黙って私を眺めていたそんな風に、位牌をただじろじろと眺めてくれるだけでよい。聞けば静雲君は坐るべき寺に坐れずに、裏の長屋のようなところに甘んじて、伴僧まがいなことばかりしているという。

この話を聞く度に私は、京の三千院前の無住寺を思い出す。そこは二十年近く無住の寺とか、宗旨など構わず静雲君がそこに来てくれればと、よく思う。

高浜虚子は河野静雲に対して、句に滲む人生観が気に入ったと語った。昭和十五年十一月二十六日刊行の『閻魔』で、静雲に向き合った高浜虚子の言葉である。

選擇寺

▽中呉服町

【五大力と遊女雪友の墓】　天正二（一五七四）年に行《ぎょう》誓《せい》覚公和尚が創建開山した浄土宗寺である。「選擇《せんちゃく》」の由来は、阿弥陀仏四十八誓願の十八願「悪を取り去り善を選り分け選び出す」による。御本尊はいずれも行基作で、阿弥陀如来像と五大力菩薩像が祀られている。

五大力とは金剛・龍王・無畏十力・雷電・無量力の国家守護の五菩薩をさす。江戸時代は特に商家で火難・盗難を免れ福を招くと信仰され、女性は手紙の封じ目や三味線・簪《かんざし》など大切なものに五大力と書き、五大力お守をつけ幸運を祈った。

慶長十一（一六〇六）年一月十三日、博多店屋町・渡辺九平宅で町内の集まりのとき、見知らぬ老人が来て、九平に五大力像を渡して立ち去った。九平は自宅で像を祀るが、夢枕に「選擇寺の阿弥陀仏と同様の行基作ゆえ、五大力も一緒に祀れ」とのお告げがあり、寺に奉納した。以後、毎年一月十三日は博多商人が一年の安泰と盗難除けを願い、五大力護符受けに参詣して賑わった。明治の廃仏毀釈から次第に風習は衰退するが、昭和六十一年から復活しているという。

博多の名娼・雪友の墓

また、この寺は遊女・雪友の墓があることでも知られる。黒田長政が福岡入りをした当初（慶長中期）、那珂川口に散在していた遊女屋は、石堂川西岸（旧・大浜小学校付近）に集団移転させられ、種々の禁制を

選擇寺門前

課せられて「柳町」と称した。元文五（一七四〇）年に選擇寺は柳町遊郭の旦那寺となり、落命した遊女の投げ込み寺となる。過去帳によれば、百年以上にわたり五八〇名の遊女が葬られ、名は「〇屋下女」、戒名も「〇〇信女」と四字で書かれ無縁墓地に埋葬された。

筑後柳川生まれの「おゆき（雪友）」は、風采穏やかで琴や書が上手な名娼で、また熱心な信者で、母の死に際し多額の供養金を寄進したという。

文久元（一八六一）年六月二十七日、二十歳で亡くなった雪友の墓が寺の裏にある。直径五〇センチの石に「博多柳町角登屋内雪友　建立安政四年三月十七日観月智光信女」と刻まれ、墓石には雪友と母の戒名（香誉貞薫信女）が並んで彫られ、裏面に「永代祠堂金拾両」の彫りがある。毎年命日の六月二十七日頃、雪友墓の周囲は紫陽花が咲き揃い、「紫陽花忌（遊女忌）」として雪友のほか多くの遊女たちの供養が行われる。この供養は毎年博多町人文化連盟・博多人形作家協会の有志の支えで、精魂込めた人形が寄進され、遊女たちの霊が慰められている。伝統あるゆかしい話である。

【周辺スケッチ】 選擇寺は昔の官内町内で、海元寺、一行寺と向う三軒に接する寺である。「千代三丁目」信号機前の橋を渡ると旧官内町筋に入る。この官内町の通りを真西に行き、大博通りを横断し、綱場天神（綱場町）を過ぎると、「博多座」の北を通って、リバレインに行き着く。リバレインの西が博多川、橋向こうが東中洲である。かつて界隈には寿《ことぶき》通り、下川端の町名があった。

正定寺と八丁へー

▽中呉服町

【八丁塀と仙厓和尚】建暦二（一二一二）年、聖光上人が席田《むしろだ》郡青木（現・博多区青木・空港東）に開山した見仏山と号する浄土宗寺のはじめである。明応九（一五〇〇）年に、周防大内義興の母・正定院が、筑後善導寺（久留米市）第十六世感誉上人に帰依し、その後に上人が博多奈良屋町南に正定寺を中興開山した。現本堂は元禄年間（一六八八―一七〇四）の建築である。

聖光上人は応保二（一一六二）年に筑前香月の生まれ、二十一歳で比叡山において天台宗を究め、二十八歳で全山衆徒の要望で油山学頭（学徒養成をする学長職）として入山する。やがて浄土宗総本山知恩院の第二世となる。博多と筑後で開山後は主に筑後で教化に努め、暦仁元（一二三八）年に七十六歳で入寂（没）した。没後の文政十（一八二七）年、仁明天皇から「大紹正宗国師」を追贈され、油山に「鎮西国師遺跡の碑」がある。

さて正定寺境内の「博多八丁へーの墓」に因む話である。西頭徳蔵《にしとうとくぞう》（一七六一―一八四八）は、博多古渓町の魚問屋で商号「西浜屋」の主人である。このころは江戸文化が高揚した時代で、博多浜新地（現・中洲北部）は歓楽郷であった。天保の初め、奇僧仙厓と徳蔵の出会いがあった。仙厓八十歳、徳蔵は七十歳。徳蔵は仙厓に住居を聞かれ、「東長寺近く八丁長さの塀に囲まれた所に住み、人は八丁兵衛（塀）と申します」と応じた。洒脱な仙厓は「八丁兵衛は過ぎた名だな、実は八丁屁《へー》だろう」と茶化した。以来仙厓と徳蔵の付き合いは始まる。

徳蔵は仙厓の皮肉など屁のかっぱ、めげるどころか逆にその言を気に入り皆に喧伝した。その問答が由来となり碑ができた。仙厓が揮毫した正定寺本堂横の大石碑である。生前に「徹誉逸道善士八丁へー」と刻んで茶屋石を寝せ墓石に見立て、盛大に除幕し紅白餅を配った。さしずめ生前葬である。徳蔵は仙厓和尚の博学・高徳・洒脱の日常を尊敬し人柄を愛した。江戸市川海老蔵が博多来演の際は、自宅で接待用の緋緞子《ひどんす》座布団や夜具を新調し、大仰な料理と珍味で見栄を張り、江戸っ子役者を驚かせ溜飲を下げた。

　こんな破天荒な散財がもとで、家運は傾き広い屋敷も人手に渡った。「青竹割って兵児にかく（する）」という博多人一途の痩せ我慢、負けん気、反骨気風は、臨終間際の狂歌風な言葉からもうかがえる。「死んでから、千部、万部のお経より、息あるうちに、一分《いちぶ》やんない（死んでから褒めるより生きとるうちに、いい思いをさせてくれ）」。博多っ子気風一杯の話を残し、嘉永元（一八四八）年八十八歳で逝った。徳蔵の西浜屋廃業後の末裔に、令名高い博多人形師がおられた。故人だが、苗字を眺めるうちハタと気付いた始末である。

　魚町問屋は、海岸土砂の堆積で浜が遠くなり、古渓町に移転した。このころ、藩の特許を持つ須崎裏町（鰯町）魚問屋との間に抗争が生じた。古渓町の顔役

正定寺門

仙厓が「八丁屁」と揶揄した「八丁へー」碑

石堂橋石柱

西頭は、そんな時いつも仲裁に入った。古渓町と鰯町の同業者の角突きあわせは明治まで続き、共倒れが心配された。その危機を救ったのが明治十三年の下対馬《しもつま》小路《しょうじ》への合併移転である。明治二十五年の博多魚市株式会社設立から、昭和三十七年に創業七十周年を迎えた「福岡魚市場株式会社」の嚆矢《こうし》である。寺の境内左奥で「八丁へー」碑は、笑い話ではなく大きな話として残っている。

ついでに、正定寺にあるもう一つの碑、浅野彦五郎碑の話をする。肥後浪人が藩主忠之の佩刀《はいとう》を盗んだ罪で石堂川原で斬首され、川沿い正定寺裏に首が流れついた。彼を無実と信じる住職は、丁重に葬り石碑を建てた。石堂橋柱石が境内に移されて残っている。浅野彦五郎に関しては、キリシタンということが露見し、夫婦ともに磔になったともいう。

【周辺スケッチ】 ここは御笠川（旧・石堂川）の西に並行する縦筋の町で、石堂流れに属する。街道筋から博多に入る道七つを七口という。浜口・象口・龍口・川口・堀口・蓮池口・渡唐口の七口である。箱崎から博多に入るのが龍口町で、正定寺付近を含む龍口が立口から竪町になり、竪町浜は、上《かみ》・中《なか》・下《しも》に分かれていった。『筑前国続風土記』に、江戸中期に上竪町二十六軒、中竪町三十九軒、下竪町五十六軒の民家があったと記述がある。周辺住民は箱崎宮の氏子であり、御神幸では箱崎宮の神輿《みこし》が浜の夷神社までやって来る。明治初期は、小売商人、職人、行商人が多かった。

終戦間際の消失を免れた寺の界隈は、大正・昭和初期の面影らしい道幅の狭い昔風の路地が残る。終戦後、この寺は大陸引き揚げ者の仮宿泊所として本堂を開放したという話も残る。現在は下・中竪町が下呉服町、上竪町は中呉服町でその大半部分は昭和通りになった。

遺構「切腹の間」

　正定寺には「切腹の間」がある。これは、小早川隆景の名島城にあった「切腹の間」を福岡城完成後に移した書院の遺構である。天井の桟《さん》の張り方にこの名の由来がある。

　城には普通にこの名の間があったが実際に切腹に使われたわけではなく、その様式から名がついた。

　天井の桟は普通は、床の間に平行して渡るが、この天井桟は床の間を刺すような方角で二間を串刺しに走っていることから、切腹の間という。さしずめ、床の間の切腹様式である。

　このことを高浜年尾が「切腹の間という春の雨静か」という句に詠んだ。福岡大空襲の類焼からこの寺は守られ三百年の風格があるが、その句の現物の行方は知れないと、寺の住職の話であった。

　廊下からすぐの書院の間に入ると、手前が八畳の間、その奥の十二畳に床の間がある。八畳と十二畳の部屋の境の天井に欄間仕切があるが、廊下際から床の間に向かい、褐色の天井桟すべてが、二つ間を貫き一気に床の間を刺すように見える。

豪商島井宗室

▽中呉服町

【秀吉が重用した豪商】　島井宗室は、博多豪商三傑の一人で、神屋宗湛より十歳ほど年上であり、三傑中最年長である。本名は島井徳太夫茂勝。代々の博多商人で、酒屋、質屋を営んだ。先代は対馬宗氏の家臣・島井右衛門で、朝鮮相手の貿易商兼武士であった。一族は博多に進出し商人になる。

「博多練貫《はかたねりぬき》」酒が銘酒として全国に知られていたことから、博多に出た島井家は、この酒の醸造・販売を始めた。家業を継いだ茂勝は、醸造業ほか金融業も兼ね、次第に資本を蓄え海外貿易、特に朝鮮貿易に乗り出した。

永禄十一（一五六八）年に永寿丸で釜山浦に渡り、商品を買い占め永寿丸で大坂に運んで売り、博多に戻った時は莫大な利を得ていた。以後博多を拠点に対馬、朝鮮、兵庫、堺、大坂と流通網を広げ、ルソン、ジャワへと海外交易に手を伸ばす。取扱品も練酒、郷土の産物、朝鮮や琉球の品々、南蛮商品と種類を増し巨大な富を築いた。

天文二十（一五五一）年、大内義隆滅亡後、博多を独占した大友宗麟は博多商人と交流を持ち、茂勝こと島井宗室は、大友領九州六カ国すべてを自由に往来する承認を得た。宗麟も朝鮮・対馬の産物や、北絹、天目茶碗の珍品買い付けを頼み、宗室の対外貿易は、宗麟とコンビで大規模に展開した。

堺貿易商で茶人でもある天王寺屋宗叱が、茶の湯指南と商用で豊後を訪れると、宗麟は宗室を招いて茶の湯と商談を行う。宗室は宗麟を通じ、天王寺屋宗叱や津田宗及ら堺商人と交流し、販路を京阪に広げた。

茶道と禅を通して信長や秀吉に可愛がられ、天王寺屋道叱が大友家に出入りしていた縁で、宗室は彼と特に親しくなり、彼に因んで島井宗叱《そうしつ》の名を得たという。

天正八（一五八二）年、宗室は織田信長から、堺豪商天王寺屋宗叱の甥・宗及の茶会に招かれた。天正十（一五八四）年、宗及と明智光秀の茶会にも現れた宗室は、堺茶人から大名たちへと交流を広げていった。

島井宗室屋敷跡碑

狙いは貿易品の販路開拓だった。信長の右筆《ゆうひつ》（書記役）・松井友閑は堺茶人を通じ宗室を知り、天正十年六月の信長主催本能寺茶会に呼んだ。信長の名茶器披露として、公家や宗及、宗叱や宗室が招かれたという。寺に宿泊した島井宗室と神屋宗湛の二人は、翌日早朝の本能寺変で危うく難を逃れた。宗室は猛火脱出の際、書院の「一切経千字文字」（弘法大師直筆）を運び出し、後に博多東長寺に納めた。緊急の中でも機転が利く抜け目ない風流人であったという。宗湛も払暁《ふつぎょう》、博多大興寺大黒天が夢枕に現れ、「大事が起こる、逃げよ」と告げられて脱出できたといい、この逸話は博多本興寺に伝わる。

宗室と秀吉の出会いは、本能寺の変の前頃といわれる。秀吉の九州平定後は、宗湛とともに唐津村から博多に戻り復興を望んだ。秀吉の朝鮮出兵では「無駄あり、断念を」と反対を続け、秀吉から遠ざけられたが、兵站《へいたん》基地・博多の全倉庫には兵糧米を貯蔵した。陣地柵用の虎落竹《もがりたけ》の早急な購入も命じられ、宗室はこれを御用と応じた。しかし朝鮮出兵には執拗に反対し、宗義智や小西行長らと朝鮮和平に努力した。

文禄元（一五九二）年の文禄の役、朝鮮遠征以後の途中から、博多兵站基地は秀吉の直轄地となる。秀吉の懐刀《ふところがたな》、石田三成は、宗室の屋敷を気に入り常にこの屋敷に滞在した。今の蔵本町屋敷跡あたりである。秀吉に正面から直言し嫌われても、反面で秀吉の部下たちに信頼される宗室の姿があった。

宗室は秀吉時代が全盛期だが、江戸時代の黒田藩福岡築城にも多額の出費をした。崇福寺再興に塔堂・瑞雲庵を建立寄進し、長政に箱崎三〇〇石知行を与えられても、その五十石を瑞雲庵に寄進し他は辞退した。

慶長十五（一六一〇）年、七十二歳の宗室は、戦国商人の典型的遺訓となる商家家訓の遺言「遺訓十七条」を養継嗣に残した。その内容は、聖徳太子の十七条憲法にあやかり、実子がないため、養継嗣になる徳左衛門信吉に周到な心がまえを遺言した。第一条に「貞心律儀でいんぎんであること」と説いている。一介の町人でも信長、秀吉、家康と対等以上に交遊できた人間の意志を遺訓十七条としたものであった。

【周辺スケッチ】 博多復興の功績で、秀吉に間口十三間半、奥行三〇間（二四メートル―五四メートル）の宅地を旧上浜口町に拝領した。大博通りと昭和通りが交差する蔵本町交差点の少し東寄り中呉服町で、茶色の製薬会社の隣りに、白いビル前の低い旧居石碑がある。

大賀宗九・宗伯父子

▽呉服町一帯

【黒田藩豪商の大賀家】 島井宗室と神屋宗湛の二人は、秀吉愛顧の豪商であったが、大賀宗九も博多豪商三傑の一人に数えられる。黒田家が中津から福岡に来るとき、長政を頼って博多入りし、呉服町に住み、秀吉愛顧の博多商人を尻目に商人筆頭格に登りつめた豪商である

大賀氏はもとは大神氏といい、大神《おおがみ》朝臣《あそん》良臣《よしおみ》を先祖とする豊後の豪族、その七代の孫が源平合戦のときに豊後武士団の頭領となった緒方三郎惟栄《これひで》である。

大友氏が豊後に入国した後はその下に入り、佐伯地方を領し「栂《つが》牟《む》礼《れ》城主」となり、佐伯姓を名乗る。戦国末期の大友義統《よしむね》の時代は佐伯大学守信好といい、文禄時代（一五九二―九六）、大友家が改易で所領没収され、中津に移り商人となって姓を大神に戻した。大神甚四郎信好は、後に大賀姓を名乗り剃髪して宗九と

号するようになった。それ以来、中津藩の黒田孝高《よしたか》(如水)や長政父子と親密になり、長政の藩御用を受けるようになる。

福岡入りした大賀家は長崎にも支店を持ち、福岡城築城では多額の献金をして城内にしばしば招かれた。長政は元和七(一六二一)年、宗九の長年の功に対し粕屋郡仲原村・箱崎村のうち、一六四石余の知行を与えようとしたが、宗九はこれを辞退した。宗九はポルトガル貿易で慶長十一(一六〇六)年頃に幕府から御朱印状を受け、シャム(タイ)や東南アジアに渡航し海外貿易で巨万の富を築き、元和七(一六二一)年頃にはイギリス商館に銀の融資などをした。富は自らの力で得ることを信条としたらしい。

この宗九は寛永七(一六三〇)年五月に七十歳で他界するが、子供三人は「道句・道善・宗伯」の名で、順に上大賀・中大賀・下大賀と呼ばれ後世まで軒を並べて栄えた。

大賀宗伯は、宗九の三男・惣右衛門信貞で、号を宗伯といった。十一歳で父に連れられマカオ渡航や、後に御朱印船の客商で海外貿易を続けた。宗伯は三人の子の中で一番豪胆、元気者で、兄にならって外国商館に融資などをした。

次兄・道善は慶長十二(一六〇七)年に朱印状を受け、シャムに渡るなど海外貿易をしたが、宗伯は多角経営で蓄財し「海外渡航貿易」「内外貿易商へ融資」「各藩特産物の販売」を柱とした。当時の長崎・平戸オランダ商館は日本人好みの中国商品を仕入れるため、低利で短期返済の融資を日本商人から受けた。宗伯も貸し方の一人であり、オランダ商館が出島に移転した後も、利子付きの融資を続けたという。

寛永十三(一六三六)年に出島ができると、宗伯は出島の家主になる。ポルトガル貿易で実績を持つ商人が家主を占める時代で、融資は総額で大掛かりなものであった。たとえば山口藩では山代紙・米・蠟が特産物として藩財政を支え、特産物の歴史もあり専売制に近かった。この販売権を宗伯と長崎代官に与えられ、博多・長崎へ運ぶ山代紙は大量で、自給できない地方でも売れ行きが良かった。

宗伯は博多の豪商仲間である伊藤小左衛門と組み、藩主忠之の長崎警備を助けた。忠之の長崎奉行接待に、

博多区

自分の長崎屋敷を提供したり、島原の乱では多くの人夫を雇い、兵糧や軍需物の調達、また現地の輸送に大きな役割を果たした。忠之はこれに対して知行三〇〇石を与えようとするが、宗伯は父同様にこれを辞退している。

鎖国策が始まって八年目の正保四（一六四七）年、突如ポルトガル軍船が二隻長崎に通商を求め入港した。幕府は九州各藩に出兵を号令し約五万人を動員、軍船は三〇〇隻と大規模となる。住民は避難し、福岡、佐賀藩はポルトガル船を包囲し、いつでも焼き討ちできる体制をとった。しかし焼き討ちには莫大な量の焼き草が必要である。佐賀藩は長崎から近いので即応できるが、福岡藩は距離が遠いだけに時間がかかる。そこで宗伯は長崎稲佐の大邸宅を買い、屋根のワラを警備の忠之に差し出し、間一髪で役目を全うした。忠之は黒田家紋入り陣羽織と五十人扶持を与え、感謝の印とした。この事件での宗伯の働きが、博多商人筆頭格の地位を不動のものにした。

馬出村にあった幻住庵は、正保三（一六四六）年に戦火で焼失したが、慶長末に宗九が開基になり、宗伯が父を引き継いで聖福寺境内に堂宇を建立した。それが後の大賀家の菩提寺となった由縁といわれている。

【周辺スケッチ】 大賀家宗九・宗伯の跡地を示す物は確認できないが、あえていえば、現在の上・中・下呉服町あたりに敷地三千坪があったと言うしかない。

大賀宗伯屋敷の書院

大賀家屋敷跡は今の呉服町にあった。三千坪の敷地を石垣と練塀で囲んだ広大な屋敷で、貿易品の収納蔵が並んだ。

宗伯は藩主忠之の命で、寛永十一（一六三四）年に書院を建てた。間口一〇九メートル（六〇間）、奥行五四メートル（三〇間）で、京の嵯峨から大工七十人を呼び、屋久杉材を海上輸送させ、台湾から檜材、中国から花りん材を調達した。

建具は名島城から拝領し襖絵は狩野山楽・雲谷等顔筆であった。藩主お成りの間の縁先には、加茂川石、阿倍川石の枯山水庭園を造った。藩主もしばしば訪れ、長崎の貿易品の先取りや銀子の借用相談、また大賀家の茶入れ名器、「若草文琳」による南坊流の茶会も催された。

桂離宮に似たこの書院は黒田藩の迎賓館としても利用され、幕府の使者や他藩の大名、幕末の伊能忠敬や市川團十郎などの宿所にもなった。三代藩主・光之も屋敷内に豪華な金箔の書院を造作させた。

お成りの間の縁には、若草杉や檜の幅一・八メートル（一間）、長さ九ー十二メートル（五・七間）の一枚板を張り、障子の腰板は屋久杉、座敷の床板は槙板で能舞台仕立てだった。

寛文十一（一六七一）年十月の書院落成に、光之・綱政父子へ大賀家から、御菓子司である松屋利右衛門手造りの「鶏卵素麺《けいらんそうめん》」が献上されたという。

二棟の書院は天保年間（一八三〇ー四四）まで存在したが、その後大賀家が衰退し、明治五（一八七二）年から十年の間に、磯野七平・第二代福岡市長らに譲渡され、やがて畑地になった。

慶応元年に奥村家から幻住庵に寄進された客殿は、大賀家の書院の一部を移築したものだとされ、宗九・宗伯居室一棟も移築された。

神屋宗湛

▽奈良屋町

【〝博多の坊主〟と呼ばれた豪商】　博多豪商三傑の一人・神屋《かみや》宗湛《そうたん》は、秀吉とは茶友達で「博多の坊主」と呼ばれる仲だった。博多の戦乱を避け唐津に移り住むが、秀吉が箱崎に在陣すると聞くやすぐに博多に舞い戻った。

宗湛は天文二十二（一五五三）年、博多生まれで名を善四郎貞清という。神屋家の先代・永富は室町時代の勘合貿易時代から乗船し、朝鮮・琉球貿易でも巨万の富を築いた博多商人である。永富の次男寿貞（宗湛の祖父）は先代譲りの傑物で、若くして父とインドシナ・ルソン・南洋で海外貿易に従事した。輸出品の仕入先である石見《いわみ》銀山で鉱脈を掘り当て、大永六（一五二六）年、採掘を開始し、天文二年に銀精錬に成功した。

大内義隆は利益の半分を取って藩の財源金庫にした。生野銀山も開発し、明に渡って長期間かけて銀精錬技術を習得する。櫛田神社に博多銀大判があるが、「禄二」刻印は享禄二年寿貞の鋳造といわれる。寿貞は死後、銀山の守り神「寿貞大明神」として崇拝されている。

宗湛の父・紹策は、毛利・大友戦火により家を焼かれ、家宝の名茶器を携えて、子の貞清（宗湛）と肥前唐津に避難した。そこは領主支配のない中立帯で商人は住みやすく、松浦党の海人が集う海賊基地の雰囲気もあり、合法・非合法の交船で賑わった。

やがて貞清は鬼子岳《きしだけ》城主・波多氏と組んで内外に商人圏を拡げ、商品輸送に波多川を利用した。彼は数奇者の修業も積む一方で、聖福寺の一〇九代住持・景轍《けいてつ》玄蘇《げんそ》が母方の伯父という関係もあり、漢詩会によく出かけ博多商人や文化人と交流し、多くの啓発を受け才覚を伸ばした。

貞清は天正十四（一五八六）年十一月に唐津を出て大坂にのぼり、天王寺屋（津田）宗及屋敷を訪ねた後、十二月に大徳寺・古渓和尚を戒師に剃髪した。ここで「宗湛」と号することになる。

商人身分から僧籍に入り、上層武士と交流が自由になる。古渓和尚と宗湛の交流は長く続いた。古渓和尚が建立した天正寺の上屋に利休像を置いたが、その下を秀吉が知らずに通ったことが発端となり秀吉を怒らせ、博多に古渓和尚を追放した時は、宗湛が自宅傍に大同庵を建て住居とし、宗室らと茶会を開いて慰めた。

豊国神社鳥居の陰に隠れて建つ神屋宗湛屋敷跡碑

二年後に許された和尚は大徳寺に戻るが、跡地が和尚に因んで「古渓町」となった。

天正十六（一五八八）年十月、秀吉は朝鮮出兵の拠点である名護屋に向う前、博多に立ち寄り宗湛宅で寛いだ。筑前での商い様子を訊ねた秀吉はあとで、「金はどれほどでも用意するから、名護屋でも自由に商いをせよ」と勧めたという。宗湛は、茶の数奇者という面と、目先の利いた商人という二面を持っていた。

秀吉の朝鮮出兵では、博多を兵站基地とする兵糧米や戦物資の集積・輸送に尽した。秀吉が慶長三（一五九八）年、伏見城で亡くなると、博多再興時に与えられた屋敷内に、秀吉を「豊国大明神」として社殿に祀った。翌、慶長四年正月、伏見、大坂に出向き、石田三成らの反徳川諸大名の茶会に招かれた。

徳川の治世後、関ヶ原戦役後に黒田氏が福岡に入国すると、宗湛はかねて旧知の黒田如水に、茶の湯を通じて祝いを申し出た。一方で如水も博多商人の動揺を押さえ、かつ摩擦を未然に防ぎたいと書簡を送った。如水は宗湛を博多商人の筆頭実力者と認めていた。

筑前入国の如水は、まずは宗湛屋敷で旅装を解き、

妙楽寺（御供所町）にある神屋宗湛墓碑

しばらく滞在した後、名島城に入った。この頃如水は身体の調子が優れず、宗湛はしばしば見舞いをして慰めている。宗湛は長政の福岡城築城にも協力を惜しまなかった。

慶長九（一六〇四）年に如水が亡くなり、宗湛は大きな後ろ盾をなくして悲嘆する。黒田長政と一緒に入国してきた黒田藩御用商人の大賀宗九・宗伯父子に次第に勢いが移り、宗湛の力は衰えていく。慶長十八（一六一三）年には長政の依頼による茶席に、長崎奉行のほか家康の御用商人が招かれ、全盛期を過ぎた自らの立場に時代の流れを察したという。寛永十二（一六三五）年十月、八十二歳で没し妙楽寺墓所に入った。

秀吉の博多再興など当時の博多を詳細に語る、『宗湛日記』は博多の貴重な歴史史料である。

【周辺スケッチ】 昭和通りと大博通りが交差する蔵本町の新博多小学校（旧・奈良屋小学校）南西側、福岡銀行支店前の路地一帯が宗湛屋敷跡になるわけだが、島井屋敷跡にも程近い場所である。

豊国神社

博多の人々は秀吉を「太閤さま」と親しく呼び、豊国大明神の祭事には多くの人が参列した。

かつて、全国各地に秀吉を慕う豊国神社が建ち盛大に祀られたが、この人気に危機感を覚えた徳川幕府は、特別に理由づけをして取り壊し、京都の豊国廟以外はほとんど消滅した。しかし今なお博多に豊国神社が現存することは、博多商人の心意気だともいわれる。

明治十九（一八八六）年の博多再興三〇〇年記念に「豊国神社」として神殿造営をしたが、昭和二十（一九四五）年の博多大空襲で社殿と多くの社宝は焼失した。

しかし、秀吉の徳を偲ぶ博多商人が、三度目の社殿を建てた。現在の豊国神社である。

焼失した社宝には、以下の五つがある。

「博多町割りの間尺」、「秀吉の和歌一首」（名護屋城在陣中に山里の茶室で詠み宗湛に与えた和歌――夕ぐれに　たむやすずろにこととうは　窓のあたりの山おろしの風）、「五三桐御紋金時絵の塗椀」、「豊国大明神の神号」、「秀頼八歳のときの筆」である。

神屋宗湛屋敷跡に建つ豊国神社

博多の三名器

博多豪商三傑は財力の傍らで、共通して名器を持った。神屋宗湛の「博多文琳《ぶんりん》」、島井宗室の「楢《なら》柴《しば》」、そして大賀宗九の茶入れ「若草文琳」である。神屋宗湛の「博多文琳」は唐物茶入れの最高級品で、秀吉も家康も長政も所望したが、宗湛は笑ってこれを拒み続けた。しかし忠之時代に長政の遺言が生き返り、忠之に有償召し上げとなる。

寛永元（一六二四）年六月、忠之は強引に召し上げ命を出す。長政の遺言は「代償は黄金千両と那珂郡住吉村のうち五〇〇石の土地を与える」だったが、忠之はさらに黄金千両を上積みした二千両を与えた。この茶器は時代を経て、昭和五十三年に黒田家から寄贈され、現在は福岡市博物館に収蔵されている。

島井宗室の名器・楢柴も、大友宗麟や秋月種茂らの執拗な略取をしのいだが、最後は秀吉から家康に渡った。

大賀家の若草文琳は、はじめ京都南禅寺・崇光和尚の所蔵で、後に京都山脇家に伝わる。山脇家が衰退し、文琳は彫工・後藤程乗の手に渡った。山脇宗典の子・如心は、九州大賀家の養子に入るが、彫工程乗が没したと知り山脇家の逸品の行方を案じ、白金一万両で買い戻し、大賀家の宝物名器とした。

如心はこの名器で京都・大坂でしばしば大茶会を開いた。有栖川宮幸仁親王の発起で東山天皇の天覧となり、莫大な経費を要した。さらに元禄四（一六九一）年には藩主・綱政や立花実山などの茶会と、その冗費が原因で大賀家は破綻する。以後名器は転々とし、明治四十五（一九一二）年に入札競売で住友家の所有になった。名器といえども財の一部である以上、家運の盛衰と共に常に所を移している。

大賀家と黒田藩

黒田藩が町人に功労を与える格式規準は、いつの頃からか、大賀家の貢献度との対比が基準になった。

天保三（一八三二）年頃は、「永大（両大賀）」、「大賀次」、「福岡年行司」、「博多年行司」、「年行司次」、「年行司格」、「御用聞町人格」の七段階があった。いわば藩による町人・商人親衛隊の格付けである。

博多商人筆頭格の大賀家の実力を示す例に、「分国糸割符」における藩との関係がある。

寛永十（一六三三）年に始まった輸入生糸の利権で、原価で購入する権利を幕府が与えたのは、幕府直轄の五カ所、特に長崎・江戸・大坂・堺・京都の商人であった。他はこの五カ所の商人から、マージンを払って手に入れるのが普通で、博多商人はこれに強い不満を持った。

その対応として幕府がとった政策が「分国糸割符」制度である。分国とは博多・久留米・柳川・佐賀・小倉・対馬の諸藩を指し、この諸藩には輸入生糸を原価で購入する権利を認め、この分国割当ての、約半分を博多が占めたという。

分配比（小割）の単位は「一口」「半口」「半口の半」の三段階で、次兄の道善と三男宗伯は一口、長男の道句は半口と決まっていた。他の博多商人たちは、家の盛衰や資産の多少、藩とのつながり次第で年々変動するが、大賀家は始終変わらなかった。まさに藩との結びつきの強さを示す実績で、羽振りの良さを示していた。

博多区

博多の豪商が愛した京の僧

▽奈良屋町

【古渓和尚と大同庵跡】 京都大徳寺の古渓《こけい》和尚は、天正十六（一五八八）年、秀吉を怒らせ京都を追われ博多に来た。和尚は博多の豪商、神屋宗湛や島井宗室に慕われて、彼らは和尚のために「大同庵」を建てて迎えた。和尚はしばしば、宗湛や宗室を招き茶会を催したという。

その和尚も二年後には秀吉に許され、大徳寺に戻るが、和尚が点茶用に掘った井戸で汲む水は「古渓水」と呼ばれ、その後も火除けの水として珍重された。

大同庵跡碑

古渓和尚の大同庵跡が今に伝わったことから、その町を古渓町と呼ぶようになる。博多袖湊《そでのみなと》の時代から、博多魚町に住む魚商人たちは、江戸時代初め頃にこの古渓町に移り住むようになる。

この附近はかつて博多北海岸で、人家二十七軒の魚問屋町であった。西島屋、博多屋、今津屋、鐘崎屋、大島屋、相島屋などの魚問屋があったという。なかでも、天保時代の西島屋は筆頭格で、奇行奇人の博多っ子で有名な「博多八丁へ－」こと西頭《にしとう》徳蔵が主人であった。聖福寺僧・仙厓和尚との逸話は有名である。しかし魚問屋の繁盛も大正年間までで、魚市場の整備などで衰退していく。ういろう発祥で有名な博多・妙楽寺境内の伊藤小左衛門父子の碑の隣に、古渓和尚由来

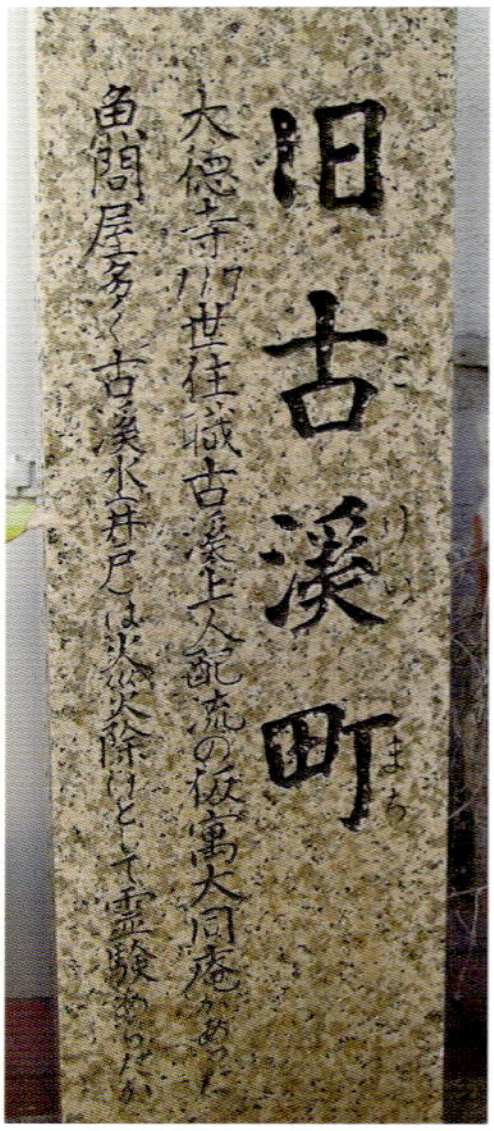

旧古渓町碑

の碑が建っている。

古い町筋でいえば南北・縦筋通り、東の奈良屋町と、西の浜小路を横筋に結ぶ通りの中ほどが古渓町であった。現在では観音寺・西方寺が東西背中合わせの南側の横筋通りである。また古渓町横筋北に観音寺があり、さらに北東側に相生町から西の西方寺町へ通る横筋芥屋町《やまち》があった。北端がまだ海岸の頃、志摩郡芥《け》屋浦の漁師が仮小屋を建て行商し、やがて人が住みついて町が起こり芥屋町になった。

【周辺スケッチ】　昭和二十年の博多大空襲で古い町筋は消えた。町かどの所々に五～六十七センチあまりの旧町名を彫った石碑が建っている。現在の通りから類推して辿るほかはなくなった。一メートル足らずの旧町碑が所々で目にふれるが、博多市内電車廃止後の敷設石を再活用した、旧町名を残す記念石碑である。

魚腹観音説話

▽奈良屋町

【魚腹観音と旧町名】　魚腹《うおばら》観音説話は、源平合戦で討死した武士の子の物語である。

平家が壇ノ浦で滅亡する文治元（一一八五）年頃の説話という。武士である父が戦死し、母は一人息子を連れて博多に来た。しかし母は重病で余命の幾ばくかを悟り、息子の六郎に形見の銅鏡を手渡し「これを守り神に東国へ行き、父の志を継いで立派な源氏武将になりなさい」と遺言した。

母の死後、六郎は鏡を改鋳し観音像に仕立て海路を東へ向った。その途中、小倉沖合いで海が荒れ、船は転覆寸前になるが、その時大魚が現れ観音像を呑み込んで海中に消えた。やがて嵐はおさまった。

像を失った六郎は悲嘆にくれるが、同船の僧らに慰められ一緒に厳島神社に参詣、七日間の願掛けをした。満願の日、天女のような美女が現れ、「博多に帰れ、必ず鏡は戻る」と告げた。

嵐の海で行方知れずになっていた六郎が、博多に無事戻ってきたことを知った近在の人々は、大喜びで帰還を祝った。六郎はそのお礼に大魚を買い料理をすると、その腹から観音像が出てきた。喜んだ六郎はさっそくお堂を建て「魚腹観音」として祀り、再び東上して立派な源氏の武将になったという説話である。

さて魚腹観音所在地界隈の旧町名由来にふれる。

最近まで空き地だった角に高層ビルが建ち、観音像

魚腹観音地蔵菩薩像

は大博通りから見えなくなった。昔の町名は、大博通りに面する南北縦筋の町で「萱堂町《かやどう》」、博多七堂の一つ「萱堂山光西寺」が由来である。現在は奈良屋町になる。一六〇〇年代末の人家は十八軒、一七〇〇年後半でも三十三軒だったといい、光西寺と魚腹観音の在所で漁業関係者に信仰されたという。明治十五（一八八二）年、博多芸者はこの町に住むよう命じられ、以来「萱堂芸者」の名が起こる。
明治二十二年、この界隈の西側に、南北縦筋の釜屋町と、同じ縦筋の萱堂町との間に、東西に通じる横町「相生町《あいおい》」ができ、相生町に芸者の元締め「相生券番《あいおいけんばん》」が生まれ、萱堂芸者は相生芸者と呼ばれるようになった。
黒田藩は筑前入国以来、鋳物業振興のため、芦屋窯《あしやかま》の技術者を呼び釜座を置いた。その由来で当初は「釜《かま》屋番《やばん》」といい、明治七年から町名が「釜屋町」に改まる。黒田藩は正徳五（一七一五）年に、鋳物師達が火の扱いに慣れているのに着眼し鋳物師三十人を選び、「鋳物師消防隊」を組織した。明治二十二年に萱堂町そばに相生町ができ、釜屋町にも大寿楼など数軒の料

亭ができ、鋳物の町が遊興の町になる。

昭和二十（一九四五）年六月の博多大空襲で町は焼失し、戦後は新たな道路の誕生で、旧町筋は不明瞭になった。西側の縦筋道沿いに「釜屋番」の石碑が建っているが、現町名は奈良屋町である。

【周辺スケッチ】　大博《たいはく》通りを北に突き当たると、大相撲九州場所会場の国際センターや福岡サンパレスがある築港本町である。

魚腹観音像は、博多小学校（旧・奈良屋小学校）から北の築港へ二〇〇メートルほど北の、左手ビルの陰に隠れた。

旧釜屋番跡碑

博多夜祭風景

▽奈良屋町

【観音寺と西方寺】　観音寺は、慶長十二（一六〇七）年に創建の大悲山と号する浄土宗の寺である。

「往古西方寺の塔頭で禹弘寺《うこうじ》と称す」という由来から、当初は禹弘寺《うこうじ》といったが、行基作の聖観音菩薩像が安置されたことから、観音寺の名になった。西に隣接する西方寺の隠居寺である。古渓和尚の像が祀られている。

博多大空襲で焼け落ちた後は鉄筋の「カンノンビル」が建ち、一階は商店、上階に寺が入った。ビル門前に「日切地蔵」が祀られている。施餓鬼会、地蔵盆会、十夜会などが行われ、博多夏祭りの一つ、飢人地蔵祀（東中洲）や大浜流灌頂の日にはビル前に祭壇を設け、僧の読経があり、周辺の人々がお参りするのが恒例になっている。

古き時代の風習が脈絡と残っており、毎年八月二十

西方寺門前

観音寺前で行われる地蔵盆会

四日の、博多夜祭の読経・参拝の風景の一つである。

西方寺は、安貞元（一二二七）年、旧西町の楊ケ《やなん》池《いけ》のほとりに創建された宝樹山と号する浄土宗寺である。上人は北条一族で、浄土宗第二祖の鎮西（聖光）上人の高弟である。

永正年間（一五〇四―一五二一）、第二十四世のときに現在地に移転し、次第に周辺が門前町（西方寺前町）になったという。最初の頃は大工、左官、石工職人らが住んだが、隣町である古渓町の魚屋が繁盛しはじめてから、一気に魚屋（生魚）、網屋（材木）、油屋、米屋という屋号の大店《おおだな》が増え、明治の初めまでは賑やかに繁盛したという。寺は観音寺の背中あわせ、戦災で本堂・庫裏・薬師堂などは焼失した。西方寺所在地は奈良屋町だが、道の西側は古門戸町である。

【周辺スケッチ】観音寺は、旧芥屋《けや》町から旧古渓町へ行く途中にある。観音寺の西に縦筋の道が通るが、そこは旧西方寺前通りであり、今は奈良屋町である。通りの西向いは古門戸町である。

オッペケペー節と記念碑

▽古門戸町

【川上音二郎略伝】　全国を風靡したオッペケペー節の川上音二郎像が、博多座の南向かいの川端商店街入口の銀行角にある。片膝立ちで鉢巻き姿の音二郎が、扇子を開き口上をいう姿の彫像が台上にある。

川上音二郎は文久四（一八六四）年、旧中対馬《なかつま》小《しょう》路《じ》（現・古門戸町）の藍問屋長男に生まれた。家運没落と継母との折りあいも悪くなり、明治十（一八七七）年、十四歳のとき、路銭なしで博多港の輸送船に潜り込み、出奔上京した。その後は種々苦労を重ね、職業遍歴は数知れない。

伝記では、芝増上寺小僧、福沢諭吉書生見習い、裁判所給仕、新聞記者や巡査と多彩な遍歴である。やがて時代の動きを目ざとく察し、自由民権を叫んで政府攻撃演説を繰り返すようになる。

しばしば官憲に捕まり演説は禁止されるが、困難にめげず一計を案じた。上方落語の桂文之助に弟子入りし時局風刺を考えつき、明治二十一（一八八八）年、大阪千日前井筒座舞台で「オッペケペー節」を初演した。博多の寄席開明舎の初演は翌年、二十五歳のときである。長髪を後鉢巻きに締め黒木錦の筒袖《つつそで》、白金巾の兵児帯、白い小倉縞の袴に緋羅紗《ひらしゃ》陣羽織を着て、日の丸軍扇を持ち片膝立てで謳歌した。

当時の世相を完膚なきまで皮肉り、初めと終わりに「オッペケペッポー、ペッポッポー」の囃し言葉で拍子をつけ、聴衆を魅

川上音二郎像

了した。その姿が冒頭に紹介した川端商店街の像である。博多人進取の気概の生き証人だった。

やがて日本橋の江戸っ子芸者で、日本の女優第一号となる貞奴と巡り合う。終生、新劇先駆者として妻とともに海外雄飛し、歌舞伎の向こうを張る新演劇新派を興した。夫妻に子はなく、音二郎が病に倒れた死の間際、貞奴は彼を帝国座舞台に抱えあげ大往生させたという逸話が残る。ときに明治四十四（一九一一）年であった。

彼は旅役者の悲哀を愛し、生前「死後は旅役者の守り神になるケン、汽車が見える所イ土葬バしちゃって……」と、博多弁で言ったかどうかは知らないが、そんなことを言い残したという。菩提寺萬行寺は、旧博多駅傍で蒸気機関車の汽笛も聞こえ、永眠場所と決めていたが、そこでは土葬ができず、承天寺なら遺言に適うという理由で埋葬墓所となった。汽車がよく見えるようにと自然石の墓石（高さ四メートル）が今も高々と聳える。碑文は当時の漢詩第一人者・久保天随が書いた、「新派劇ハ君ニヨッテ創開セラレ……ソノ名不朽ニ伝ハル。君モッテ冥スベシ」とある。彼の墓石は周囲の墓から天高く抜きんでて、今では博多駅も遙か南へ移り、汽笛も聞こえぬ時代になったが、幼くして異郷に出た彼の心の安らぎ場として、今はこの墓所が博多の終の棲家となっている。

戦前の旧町名、中対馬小路の生家傍「沖浜稲荷神社境内」には没後四十五回忌の昭和三十一（一九五六）年、界隈ゆかりの人々が発起し「川上音二郎誕生碑」が建った。高さ三メートルで表裏に碑文がある。また台座の表にはオッペケペーの歌詞、裏に音二郎顕彰会の建立趣意や、製作に携わった関係者の名が刻まれている。以下、個々を紹介する。

[碑正面上]　音二郎碑銘

[碑正面下]　当時、一世を風靡したオッペケペー節歌詞が彫られている。

[碑正面の裏]「新派劇樹立の殊勲者川上音二郎丈は元治元年（一八六四年）博多中対馬小路に生る　幼にして大志を抱き政論家芸能家として立ち　オッペケペー節による世論喚起に続き明治二十四年二十八歳にして書生芝居を創演　日清戦争劇により新演劇の基礎を固む　外遊する事四回夫人貞奴も女優として米英仏を巡

演し名誉の勲章を贈られ　帰朝記念にシェイクスピア劇を初演　二世市川左團次と結んでは革新興行を試み絶えず演劇改善に邁進し　其生涯は波乱万丈を極め大阪北浜に自ら建設する帝国座の開場公演中　明治四十四年十一月十一日死去　時に四十八歳博多萬行寺に於て葬儀　承天寺墓地に斂む　文学博士河竹繁俊撰
祝部至善　書」

数年前、碑を守る人のなかから「碑文字が薄くなり読みづらい」という声があり、早速善処の墨書が施された。博多人の気転がよく知れる心遣いである。

歌碑を紹介する。

権利幸福きらいな人に　自由湯《とう》をば飲ませたい
堅いかみしも角《かど》とれて　マンテルズボンに人力車
いきな束髪《そくはつ》ボンネット　貴女や紳士の扮装《いでたち》で
うわべの飾りは立派だが　政治の思想が欠乏だ
天地の真理がわからない
心に自由の種を蒔け
オッペケペー　オッペケペー
オッペケペッポー　ペッポッポー

明治初めの洋服の特徴が織り込まれているが、現在の形でいえば平服はフロックが普通で、これを長マンテルと呼び、今日の上衣は半マンテルと呼んだ。

〔正面台座裏下〕　昭和三十一年に川上音二郎顕彰会が碑の建立を発起し、音二郎功績顕彰発起の経緯書きがある。碑の製作者芳名も台座最下端に併せて彫られている。

新派劇の草分け川上音二郎丈は　文久四年（元治元年）元旦　当中対馬小路二十七番地に生れ十四歳の時上京さまざまの辛苦をなめ芸能界に身を投して〝オッペケペー節〟を以て世の喝采を博す　明治二十四年新演劇を創演一躍天下に名をなし　外遊する事四回夫人貞奴と日本劇を海外に紹介　彼我の演劇交流に偉大なる足跡を残し東京歌舞伎座の桧舞台にも上演しまた児童劇の創始者でもあった新演劇の開拓者である　この博多ッ子川上丈の顕彰事業がないのを遺憾とし本年四五回忌に当り本会を結成す　誕生地が戦災復興で道路となったので故人ゆかりの当

沖浜稲荷神社境内に各位の協賛による浄財五〇余万を以て碑を建て其の功績を永久に讃えるものである。昭和三十一年丙申十一月　川上音二郎顕彰会会長　落石栄吉

さらに台座下部に発起人落石、渕上、石橋、岩崎、北村、設計富永朝堂、施工小田部各氏の名が彫られている。

【周辺スケッチ】　福岡大空襲で音二郎旧居跡周辺は完全に焼失した。夫妻は子がないため「生家の宅地・建物」一切を櫛田神社に寄進し、その高札は、櫛田神社境内裏の、島井宗室居宅から移設されたという「博多べい」の傍にある。現古門戸町の川上音二郎碑は、稲荷神社とともに再興されたものである。音二郎墓碑は承天寺にあり、彼の願い通り昔の博多駅方角に向いて、今も天高く聳える話はすでに紹介した。

沖濱稲荷神社

▽古門戸町

【神社由来と戦後復興記】　神社の奥に由来碑がある。青みがかった碑石の冒頭に「当社は太平洋戦争中の昭和二十年六月十九日の空襲による戦災を受けるまでは、光照寿院（弘法大師堂）と共存し、広く博多地区の信仰をあつめていた」と記されている。神社の由来伝承は、『筑前国続風土記』にあるが、博多で最も古い祠で、弘法大師の作と伝わる御神像があったという。

この稲荷社は、唐から帰国した空海がここでしばらくまどろんだ折り、夢に稲荷大明神が現れ「高野山に弘道の本拠を開け」と告げたという。『筑前国続風土記』に安永六（一七七七）年、町内の酒屋大桶に隕石が落ち、後に神社御神体に祀られ信仰されたとある。

後世二十年毎の式年行事では、宝珠石を白布に包んで祀り、実際に目に石がふれると目が見えなくなると戒められてきた。空襲後、その石の所在は行方知れず

沖濱稲荷神社

になったという。

境内の弘法大師像を祀る「光照院」も空襲で焼失し、空海が衣を掛けた「衣掛けの松」も大木だったが、いつしか枯死した。現在の古門戸すなわち旧対馬小路は、江戸時代に北の浜が対馬藩倉庫や屋敷があった由来から名がおこり、隣町の須崎町とともに海からの荷揚げ場で賑わった町筋であった。玄洋社の平岡浩太郎、川上音二郎、女優高峰三枝子の父で琵琶奏者の高峰筑風など、名士も多い町であった。

現在の古門戸一帯（旧・対馬小路界隈）は、昭和二十年六月十九日深夜の福岡・博多大空襲で町は焼失し、ここの社殿も共に焼失した。すべてが戦災で消えた町である。終戦直後の町の記録の中に、住人たちがこの神社復興に真摯に取り組んだ経緯が残されていた。

昔訪れた東北地方では常に実感した村人の先祖への崇敬に似た逸話が、旧中対馬小路にもあった。戦災で焦土と化し、日を措かず崇敬に努めた人々の貴重な記録である。焼失前の様子も含め、昭和五十四年四月に落石栄吉氏を中心に作成された「旧中対馬小路の記録」（石田賢次郎氏＝春日市在住＝資料提供）を抜粋して紹介する。戦災前の神社の佇まいの記憶がある。

社地一二一坪二三。東南北を人家に挟まれ、表道路沿いに高い石腰上に透き塀と、瓦葺き楼門があった。楼門から約一三米の間に現存の御影石の参道があり、浜側に瓦葺手洗場。その拝殿側に約一尺三寸高さの丸い御影石の上に、故・立石善平氏寄進の日露戦争の大砲の砲身と、自然石に神社に寄進者芳名記念碑が建ち、両側に社務所兼集会所及び番人（注・管理人）の居宅があった。参道正面の大屋根下は三段上がりの石畳敷きで、天井が高い拝殿、周囲を透きコーセで囲い、御神殿は約二米高さの御影石の台座に御鎮座あり。その後ろに約八尺の空地があり通行でき、東角に末社と北角に朱塗りの稲荷神社があった。表楼門うしろに町有志奉献の御影石の大鳥居があった。戦災で壊滅したので、その石の扁額と柱は現在社殿うしろに、鳥居の台石は現在の木の鳥居の台石に保存しあり。表楼門の岡側境内に、弘法大師「衣掛の松（口伝）」の高い老松が枝を広げていた。その南に弘法大師を祀った祠（西国八十八カ所第一番札所）があり、町内の婦人会が、お世話を一手にしていた。石の参道地下一帯に、昭和十九年十月、市の補助金にて『防火貯水槽』（容量三〇〇石）が設置され、罹災後は防空壕生活者の使用に大いに役にたった。

ついで記録には再興の様子が綴られている。

戦災で神社焼失後、翌二十一年五月九日に九州飛行機の社長・渡辺福雄氏（自宅千代町妙見）を、同社工員であった町内の石橋源三氏が落石氏とともに訪問し、同社の雑餉隈社内に当時鎮座の稲荷社の社殿はじめ白木の鳥居、木柵の寄進譲渡の快諾を受けた。後の稲荷神社復興は、戦災復興に伴う『土地区画整理施行地域』のほか、幾多の紆余曲折の後、最終的に昭和四十七年に福岡市長から換地処分通知があり、四十九年十月に表道路に面し『石玉垣』を奉献して格調が整った。石垣の石工は国松大次郎氏という。

神社復興は町内篤志の寄付を仰ぎ、篤志総額は三四四九円四〇銭となったが、なお不足額一二一九円四〇銭を町有金から支出した旨、落石氏の記録に残る。補足追記に、神社再建寄進者の名が列記されていた。

石橋（源）、鶴田、藤原、塚田、佐々木、吉貝、筒井、石橋九、岩崎、末次、松永、石村、山際、斉藤、廣田、浜野及び町内会と記録がある。なお「御社殿は伊勢大神宮内宮造営の剰余材である」と、郷土史家・橋詰武生氏の説明がある。落石氏の「旧中対馬小路の記録」には、昭和二十一年五月二十日、一年振りの電灯が校区内に灯ったとあった。戦後の辛い記録である。

平成二十年のはじめ、北側に高層ビルが近接して完成し、稲荷社と音二郎碑は、ビルの底庭に沈んでしまった観がある。周辺道路から遠目でも、目ざとく見える神社ではなくなった。

【周辺スケッチ】 博多大空襲で音二郎旧居跡周辺は完全に焼失し、現在の町並みに昔の道筋の面影はない。稲荷神社も音二郎碑とともに再興された。音二郎碑南庭側に花柳章太郎・新派女優水谷八重子の御手植樹、反対側にも娘の水谷八重子、波乃久里子のお手植樹があり、傍らに博多大空襲で犠牲になった町人慰霊の地蔵が祀られている。川上音二郎の碑は稲荷社門番の風情よろしく道路沿いに建っている。

川上音二郎の墓は承天寺にある

道真由縁の町名

▽綱場町・下川端町

【綱敷天神と鏡天満宮】 文化九（一八一二）年の博多近隣古図（旧・古渓町大同庵跡に陶板がある）によれば綱場町は、南北に縦断する縦筋通りの東側、蔵本番（町）と西町下と、西側行《ぎょう》ノ町《ちょう》と土居町の間を東西にむすぶ横町であり、現在も綱場町地名が残る。その一角に天神社がある。

『筑前国続風土記』に「石堂流れに属し家三三軒」とあり、明和時代（一七六四—七二）の記録には「綱輪町三一軒、綱輪天神が鎮座の町で町名となる。今、綱場というは訛り」と書かれている。

昌泰四（九〇一）年一月、太宰権帥《だざいごんのそち》となり大宰府へ左遷された菅原道真は、大坂難波の港を出て瀬戸内を西下し、博多・袖の湊に上陸した。町の人々が道真公を出迎えたが砂浜でゴザもなかった。そこで咄嗟に機転を利かせた者が、舟の綱を利用し、丸く平に巻き上げゴザ代わりに用意したという。このことから、後に菅公上陸地として道真を祀る天満宮が建ち、「綱輪天満宮」とも「綱敷天満宮」とも呼ぶようになった。機転を利かせて即席のゴザを用意したこの町には、いつしか即妙な面白い趣向をこらす風習が芽生え、今に伝統となった。臨機応変の機微に長けた人々の町になったという。

　別項で鏡天満宮を紹介したが、その場所に「祭神・菅公（菅原道真）」の由緒を語る立派な銅版碑がある。

鏡天満宮

綱敷天満宮

その天満宮は「海路の疲れで、やつれた自らの顔を鏡に写して眺めた」という鏡を祀る神社である。また一説に菅公の供奴《ともやっこ》をした者とその子孫が、菅公を慕い宅地内に神として祀った神社が始まりといい、奴《やっこ》神社の名もある。

　綱敷天満宮から鏡神社一帯は、かつて博多大水道が脇を流れて博多川に通じた所で博多川岸の遊歩道に、博多大水道を解説したパネルがある。

【周辺スケッチ】綱敷天満宮所在地は、「博多座」の裏通り（博多郵便取扱所跡碑前）から、中華料理店前を過ぎ北東へ真っ直ぐ二〇〇メートルほど行くと、問屋街風の通り沿いにある。

　また鏡天満宮は、ホテルオークラとリバレインの間を博多川に抜けると、川岸に祀られている。

消えた博多大水道

▽下川端町

【博多大水道遺構石蓋】戦国時代に戦乱で廃墟と化した袖の湊周辺は、江戸時代初めまでは石堂川沿いから蓮池―川端近くまで、今の明治通り筋を流れる大水道があったが、埋め立てられて消えた。博多古図を参照すると、今の綱場町あたりで大水道が北向きに流れ、再び西へ向きを変え、最後は博多川（那珂川枝流）へ注いでいる。明治十二（一八七九）年に「寿《ことぶき》橋」が架かり、水道に石の蓋が敷かれ、下を暗渠にする工事が進んだ。暗渠の上の道幅は三メートルもない舗道が通り「川端新道」「片土居新道」と呼んだ。明治十三年開通である。大正十一（一九二二）年、東中洲の博多川に新しく架かった橋「寿橋」にちなんで、この通りを「寿《ことぶき》通り」と名づけた。

大正十二（一九二三）年に、約四十軒の半数以上は呉服など女性用品の店が占めた。狭い通りだが華やいだ独特の雰囲気があった商店街で、博多の名所となる。博多大空襲後の戦後の復興で「寿通商店街」が誕生するが、今はその名残も消え「博多リバレイン」ビルの一角になっている。

福岡城築城でこの大水道は埋められ、その後は下水溝になったが、元は「袖の湊」の名残の水道であったという。この大水道の石蓋が、櫛田神社境内の社務所前の池の小橋となって、無造作に現存する。唯一、櫛田神社境内の解説板が、大水道の由来を今に伝える。

【周辺スケッチ】綱敷天神のあたりから鏡天満宮までの地下に大水道が通じ、石蓋で覆われた暗渠があった。やがて埋め立てられて寿通商店街跡となり、さらに変遷して現在の町の通りになったという。今や痕跡も見当たらず石蓋だけが櫛田神社境内に残る。

櫛田神社（上川端町）境内にある博多大水道の石蓋

大陸文化の往来口

▽下川端町

【袖湊《そでのみなと》と渡唐口《ととうぐち》】平安時代の頃、現在の中洲から天神一帯は入り海で、今の博多川は海岸線附近であった。渡唐船が出入りしたことから渡唐口の名が残る。

大陸文化は、遣唐使が絶えず行き交ったこのあたりから、わが国へ上陸した由緒が残る。唐から帰国した伝教大師（天台宗開祖・最澄）が建立した明王山冷泉寺が、この近くにあったと伝わる。

平安時代になり博多に勢力を広げた平忠盛の後を継いで、息子の平清盛は貿易拡大を狙い、応保元（一一六一）年に「袖の湊」を築いた。日宋貿易の玄関口として宋の商船は数多くこの湊で往来し、博多は一層繁栄している。この湊で捌ききれない荷は補助の湊を設け、袖の湊は商都博多の基礎となる中心地になった。中世以後、博多は戦国の群雄が割拠し戦乱の地となるが、このあたりは、冷泉津、袖の湊として栄えた場所である。袖の湊は黒田長政の福岡城築城の際に埋められてしまったという。

袖の湊渡唐口跡碑

余談になるが、博多リバレイン東向うは歌舞伎が常設された「博多座」である。歌舞伎公演で来博する大物役者が勢揃いし、初日前に博多川から舟入りする恒例の「船乗り込み」は、両岸一杯に贔屓筋や観衆が集まる風景で、博多六月はじめの風物詩になっている。ちなみにこの船乗り込みの出発点は中洲の南端、清流公園の川岸で、四百メートル下流のリバレインのそばがゴールである。

【周辺スケッチ】渡唐口は現・蔵本町、呉服町、下川端町界隈と推定されるものの、鏡天満宮の場所と重ね合わせる形で記念標示されている。博多川に面する鏡天満宮の鳥居の足元に、渡唐口跡の石碑が建っている。

櫛田神社の由緒

▽上川端町

【櫛田神社境内散歩】七月十五日、早朝の追山笠は勇壮な年行事として知られる。櫛田神社は、天平宝宇元（七五七）年創建の、天照大神の大神宮が最初である。時代は下り承平五（九三六）年頃、瀬戸内海の海賊を討った藤原純友が、勢いにのって今度は博多に侵出し、天慶四（九四一）年に大宰府を襲ってきた。このとき、小野好古《おののよしふる》が、純友を撃退して、十世紀半ばに、京都祇園社（祭神・スサノオノミコト）を勧請した。その後、博多に進出した平忠盛は、肥前神埼郡の荘司時代の肥前櫛田神社を博多に勧請し、ここに三社を祀る博多櫛田神社となった。

　そもそも櫛田神社は伊勢国櫛田（現・松坂市）の伊勢斎宮の豊鋤入姫を最初として、京都に分祀され、肥前神埼に勧請されるに際し、農耕の女神が伊勢国造の大若子の神（男神）に変化したのだという。

　祭神は三柱で拝殿正面に鈴が三本下がる。中央に「櫛田宮」大幡主大神、右に天照大神「大神宮」、左が素盞鳴大神「祇園宮」が並ぶ。ちなみに、唐僧鑑真が来日したのが、天平勝宝六（七五四）年で、鑑真のために東招提寺が建ったのは天平宝宇三（七五九）年というから、櫛田神社は由来も古き神社である。

　櫛田文庫は、境内左隅の建物にある。文政元（一八一八）年八月開設で、当時の学問所は武士限定の藩校・修猷館だけであった。櫛田社の天野土佐恒久神官は、青柳種信門下生で、一般町人の教養の場に文庫開設の必要を熱望した。熱意に応え青柳種信は藩町奉行兼寺社奉行の井手勘七伊明に諮《はか》り、藩主斎清の意向により藩自らの文庫開設となった。ボストン図書館の開館より三十年以前のことであり、世界で最初の公立図書館だったが、藩の圧力で五年で閉鎖された。閉鎖の表向きの理由は、若者が読書にふけり「家業がおろそかになる」であった。

　神木である銀杏は博多祝い唄で、「さてもみごとな櫛田のぎなーん」と唄われ、樹齢千年以上という幹の周りには記念碑も立つ。昭和二十年六月の博多大空襲でも焼失に遭わず、健在である。

ここには蒙古の碇石もあるが、元寇遺物としてこの種の物はいたる所にあり、真偽は今一つ定かでない。元寇を回想する道具立てで眺める限り、真偽はさほど問題でもなさそうだ。碇石は嵐で突然退却した敵船の碇といい、長い間展示されてきた。文永十一（一二七四）年十月三日、蒙古軍は軍船九〇〇隻、兵四万五千で高麗を出航。対馬・壱岐・鷹島を襲撃し、博多湾今津一帯に上陸。翌日は百道、息浜《おきのはま》・箱崎に上陸した。

櫛田神社拝殿

櫛田神社

鎌倉幕府の命で息浜戦場の総指揮官は在地武将七十七歳の少弐《しょうに》資能《すけよし》（初代資頼の子）であった。小弐父子二代の墓所と資能の顕彰碑は、大宰府の九州歴史博物館の南側丘陵横の林に残されている。

慶長年間（一五九六—一六一五）に蓮池—川端間に大水道運河が掘られ、船が往来し、両側に商家が軒を連ねて並んだ。かつての「寿通商店街」の地である。運河石蓋の遺石「平石」が境内社務所前に残る。後に水道は埋没し下水道となった。

秀吉の博多復興に際して、「分限者家作は瓦葺、以下の者は板葺きか竹葺き」と命じたことから、「博多べい」が登場した。分厚い土壁に焼石、焼瓦、煉瓦を埋め込んで築造された。境内右奥の復元塀は、蔵本町島井宗室屋敷の遺構をここに移したものである。戦乱の後の復興に瓦礫や廃石を見事に活用したもので、巧みな町興しへの着眼は現代でも感嘆ものである。

【周辺スケッチ】神社の南を国体道路が東西に通る。櫛田門前から東に向かうと大博通りまで約三〇〇メートルの旧路地が通る。門前東傍に明治・大正期の生活を知ることができる旧三浦家住宅の復元「博多町家ふるさと館」があり、館長は当地出身の長谷川法世さんである。かつて櫛田門前の東は、櫛田前町から萬行寺前町を過ぎ竜宮寺、天福寺と大博通り際まで続いた。今も大博通りに面して巨大な石鳥居が建ち、このあたりは清道と呼ばれている。

櫛田神社の北西側にかつて、寛永寺があり、大乗寺、妙光寺が北に連なり、今の上川端町から明治通りまで並んだ。その跡地は冷泉公園になり明治通りに続く。西は昔と変わらず、博多川に面した川端になる。

スーパーのはしり

▽上川端町

【博多廉売】　博多総鎮守櫛田神社は、七月十五日早朝の博多祇園山笠で有名だが、境内左手の本殿脇には年中、飾山が展示されている。追山笠は本来は櫛田神社奉納行事であり、天平宝宇元（七五七）年に創建された櫛田神社にある「博多廉売」の記念碑を紹介をする。

今日のスーパーの初めを語る碑である。大正六（一九一七）年、第一次世界大戦で物価が高騰し生活が困窮したことに対し、庶民の生活を助けるため「博多廉売会」が大正七年十月に組織された。境内で期日を定め市場を開き、原価で日用品販売をしたという。

二年後には目的を達成したとして解散。場所は現在のアクロス福岡から天神町寄りになるが、旧因幡町《いなばちょう》・旧福岡警察署前であった。備蓄米の碑も境内に残っている。

【周辺スケッチ】　櫛田神社周囲はかつて寺社が多くあ

博多廉売碑

ったことから、旧町名にはその名残りが多い。東に向かい社家町、櫛田前町、萬行寺前町となり、門前から二〇〇メートル路地先で大博通りに出る。路地口には石鳥居がある。北側は大乗寺《だいじょうじ》前町、厨子《ずし》町と続く。

袖の湊の神社跡

▽店屋町

【楊ケ池神社の起こり】 この周辺はかつて袖の湊があった入り江という。入り江の跡が陸地化して池で残り、岸に柳があった由来から「楊《やなぎ》ケ池」となり、さらに訛って「やなんがいけ」と呼ぶようになった。柳の木を神木扱いし「少彦名《すくなひこなの》命《みこと》」を祀る小さな祠ができた。医師・安井圓庵が神託により、宝暦六（一七五六）年に少彦名命を祀ったものだが、現在は時代を経て荒廃している。

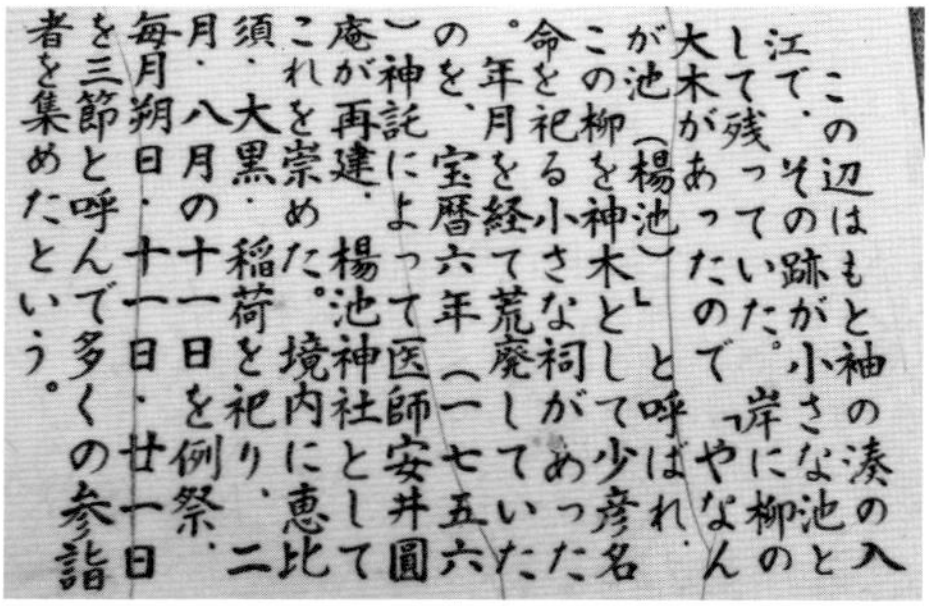
この辺はもと袖の湊の入江で、その跡が小さな池として残っていた。岸に柳の大木があったので「やなんが池（楊池）」と呼ばれ、この柳を神木として少彦名命を祀る小さな祠があった。年月を経て荒廃していたのを、宝暦六年（一七五六）神託によって医師安井圓庵が再建。楊池神社としてこれを崇めた。境内に恵比須・大黒・稲荷を祀り、二月・八月の十一日を例祭、毎月朔日・十一日・廿一日を三節と呼んで多くの参詣者を集めたという。

楊ケ池神社由緒

神話によれば、少彦名命は高皇産霊神《たかみむすびのかみ》の子で、体は短小だが敏捷で、忍耐力に富むという。彼は大国主命と協力して国土経営にあたり、医薬・禁厭《きんえん》法を創めたと伝わる。

安井圓庵が信奉しここを楊ケ神社として崇め、境内に恵比寿・大黒・稲荷を祀った。

二月と八月の十一日を例祭に、毎月朔日《ついたち》、十一日、二十一日を三節と呼び、多くの参詣者を集めた。明治四十二（一九〇九）年一月二十九日に、博多駅前一丁目の若八幡宮に合祀して、明治通り沿いにはその由来碑が残された。

楊ケ池神社跡碑

楊ケ池の楊の文字に少し触れる。普通にいう柳の枝は下に垂れて風に流れる風情があるが、楊ケ池の楊は「やなぎ科の落葉低木で多く水辺に生じ、枝は垂れない。楊の枝は長く上に伸びる木で揚《あが》るや暢《のび》ると同系の文字である」と漢和辞典に説明がある。食後に用いる「つまようじ」は「楊枝」と書くが、元祖・楊の木であったのだろう。楊の名を残す場所として、水辺であったことも間違いない由緒だろう。

【周辺スケッチ】明治通り呉服町交差点の少し東中洲寄りに渡辺藤吉本店ビルがある。その玄関横に碑がある。僅か三〇〇年足らず昔の由来だが、立ち止まって確かめる人は少ない。

龍宮寺

▽冷泉町

【人魚塚説話】谷阿《たにあ》上人が冷泉山竜宮寺として開山。それ以来、「博多の津」または「冷泉の津」と呼ばれ、「冷泉」の地名が起こった初めという。

　貞応元（一二二二）年、博多の入江に大きな人魚が流れ着き、直ちに朝廷に奏上された。後堀河天皇は人魚漂着の珍しい意義を、占師安部大富に占わせたところ、国が栄える前兆と卦《け》がでた。天皇は大変喜び勅使に冷泉中納言を博多に下向させたがすでに人魚は息絶え、町人によって浮御堂《うきみどう》傍に埋葬され人魚塚が建っていた。都から同行した絵師は、町人からその姿を詳しく聞きとり人魚を描き、塚の傍らに置いた。勅使がそこに寺を建立したのが「龍宮寺」の由来という。

　人魚は竜宮の使いであり、人魚の肉は不老長寿の妙薬であるという言い伝えから、連日参拝者が群れをなし、人魚の塚石を砕いて飲んだため、飲み尽くされてしまったという。

人魚塚

　このほかにも、人魚とスズキの説話がある。博多庄の浦にミソミという美しい娘が現れ、毎朝、浜の松の下で海を眺めた。その美しい姿に若者たちは心を奪われ、皆で船を漕ぎ出し歌をうたって気を惹こうとしたが、ミソミはただ海を眺めるばかりであった。

　あるとき、見知らぬ若者が現れた。男らしいその若者は、ミソミに「あなたの国から迎えに来た」と言い、竜宮の美しさ、楽しさを語り聞かせ、その手をとり立ち去った。ミソミの姿が見えなくなって落胆した漁師たちだが、それ以後、なぜかスズキが豊漁となった。

　数年後、網に大きな人魚がかかる。その顔はなんとミソミにそっくりで、次の日からたちまちスズキが不漁になったという。塚はその人魚の墓だともいわれている。

　現在、寺は浄土宗鎮西派に属し、前庭の人魚塚は昭和三十三年に再建され、寺も鉄筋づくりに建てかわった。寺宝は桐箱入りの「人魚の骨」と「人魚の掛軸」。また境内に「三宝大荒神堂」があり、行基の作という「三面荒神」が祀られている。

【周辺スケッチ】　大博通りの祇園町に近い。龍宮寺の南横に立つ大鳥居下を西へ二〇〇メートル行くと、「博多町屋ふるさと館」に至る。龍宮寺門前の界隈は濡衣塚に因んだ「博多七堂」の地名が残る一帯であり、大博通り沿いに「奥の堂」というバス停が残る。東の御笠川沿いから大博通りまでを挟むこの一円は、博多部の寺の密集地帯であった。

龍宮寺門前

天福寺跡と節信院

▽冷泉町

【加藤司書自刃跡と墓所】　加藤司書は福岡藩二八〇〇石の家老で、幕末維新では、筑前勤皇派首領として名を残した。

藩の中老加藤徳裕《のりひろ》の子で、十歳で家督を継ぎ藩中老に出仕後、長崎警備から帰国し海防緊急を唱え、荒津山の下浜に防波堤と大砲を築き、藩主長溥命により「犬鳴別館（宮若市）」を構築した。

しかし別館は、藩主を幽閉する策謀だと対立派の攻撃を受ける。

節信院門前（御供所町）

天福寺跡碑

当時藩内は勤皇と佐幕の対立が激化し、京でも真木和泉《まきいずみ》や平野国臣《ひらのくにおみ》らの勤王志向が過激化した。俗に言う「八・一八政変」で、七卿は都を追われ大宰府へ、禁門の変から長州征伐へと時代は激動した。三十六藩編成の征長軍が広島に集結したが、司書は藩を代表して長州攻めに反対し解兵を主張、この働きで征長は回避された。

藩主長溥はこれを高く評価し家老に抜擢する。しかし逆に藩内佐幕派はこれに一層刺激され、司書提言の犬鳴別館構想は「藩主を犬鳴に幽閉し藩実権を握り、藩を勤皇派に統一する策謀」とされてしまう。

藩外の混乱した世情に動揺する藩主長溥は、ついに藩方針を「佐幕」に転換し勤皇派の一斉弾圧に踏み込んだ。これが「乙丑《いっちゅう》の獄《ごく》」である。筑前勤皇派一四〇名余を捕え、司書ら七名は切腹、月形洗蔵《つきがたせんぞう》ら十四名斬首、野村望東尼《もとに》は博多湾沖の姫島に流罪、その他は遠島になった。

司書の上屋敷は明治通り前の東学問所近くで、下屋敷は現在の桜坂付近にあった。切腹沙汰の予告となる藩主の「司書身柄は中老隅田《すだ》邸へ御預命」が届いた。上ノ橋堀端の加藤家と赤坂の隅田邸（旧・読売新聞社跡ビル）の間は徒歩で僅かだが、罪人の徒歩は許されず、前後を武士がかため錠付き籠で搬送された。隅田邸は座敷牢造作を急ぎ、やがて司書は座敷牢に入った。間もなく切腹宣告が届く。切腹は自宅でも隅田邸でもなく天福寺であった。

隅田邸から天福寺までの移送は、大名町から万町《よろずまち》を通り、薬院門を過ぎ薬院堀端に出る。堀沿いの土手を傍の寺院に因んで竜華院土手といった。

移送籠が竜華院土手を通過したのは真夜中で、春吉から瓦町を通った。東長寺と櫛田神社が並ぶ道は今も「清道」の名があり、今も清道口に立派な鳥居が建つ。本願寺、竜宮寺そして小山町の天福寺が並んでいた。

司書の菩提寺は栄西開基の聖福寺塔頭《たっちゅう》節信院である。本来は菩提寺である節信院が自刃《じじん》の場となるはずだったが、聖福寺山門に後鳥羽上皇の額があり、境内を穢《けが》すと憚って天福寺が選ばれた。天福寺は京都妙心寺派の聖福寺末寺で、萬境寺とも称し、天福元（一二三三）年の建立という。歌人・藤原定家が活躍した頃である。年号が寺名という点では延暦寺、建長寺、寛永寺と同じく、官寺が初めかもしれない。

天福寺の寺域は周囲に四十間幅の七〇七坪、開祖は高陽和尚である。当初は東長寺北にあり、二代藩主忠之が病死し、東長寺に葬る際、墓地を拡げる必要から、天福寺は竜宮寺北に移された。寺は昭和五十八年に油山に移り、この地には「天福寺跡」碑だけが残る。

犬鳴山中（宮若市）の加藤司書忠魂の碑

【周辺スケッチ】司書自刃の場所は博多区竜宮寺の隣、天福寺跡である。大博通りの西側にスカイブルーの「航空公司」の看板があり、これが目印である。看板傍らに天福寺跡碑と司書の碑がある。

墓所は、東長寺裏の聖福寺東寄りの節信院にある。仙厓和尚ゆかりの幻住庵や西光寺（一朝軒）前を南に抜け、聖福寺墓地の東外側を過ぎれば順心院。その隣が節信院である。

司書の銅像は西公園山上にあったが、第二次大戦末期の金属回収で供出されて今はない。西公園の光雲《てるも》神社高台に長州出陣時の歌碑や「乙丑の獄」百年祭（昭和四十一年）に建立された「加藤司書及び筑前勤皇党顕彰碑」がある。

中洲川端飢人地蔵

▽中洲二丁目

【享保大飢饉供養地蔵尊】 近世文学碑として有名な「五足の靴の碑」が「川丈旅館」の玄関脇にあるが、その道沿いに、享保大飢饉による犠牲者を供養する「飢人《うえにん》地蔵尊」が祀られている。名君でも自然災禍に勝てなかった史実の一つが、供養地蔵尊の形で真摯《しんし》に残る。

享保大飢饉は、第八代将軍徳川吉宗時代に起こった。全国の飢饉餓死者二六四万人、福岡藩三六万住民のうち十万人余が死んだ。筑前全体で九万六千人、当時の博多で六千人が餓死、博多人口一万九千人の三分の一が餓死者であった。博多の飢人地蔵は、そんな時代の数多くの慰霊地蔵として残る。餓死者供養地蔵は市内方々にある。桜坂の飢人地蔵（桜坂三丁目）、地行《じぎょう》の飢人地蔵（地行四丁目）、立江地蔵（唐人町三丁目）、味噌喰《くら》い地蔵（警固三丁目）などである。

最も身近かで有名なのが、東中洲博多川沿いの「中洲川端飢人地蔵尊」である。今でも八月二十三、二十四日にかけ町内の人々が供養のため立ち働きをし、お詣りの人に飴湯を振舞う慣わしが続く。当夜の博多川は小さな灯籠がたくさん浮かび、最後は町内商店街の打上げ花火が余興の色を添える。

博多川での灯籠流し

現在も毎年八月二十四日から二、三日は博多の町の供養日である。慰霊スタイルは各々異なるが、豊かな現代生活のなかでも、夕方の五時過ぎからの地蔵堂巡りや慰霊の散策は、昔の姿を偲ぶ貴重な体験探訪である。いくつかを紹介する。

千代町石堂丸縁起の「夏越祭《なごしまつり》」は、僧侶の読経に周辺住民が集う。大博町「流灌頂《ながれかんじょう》」も東長寺の僧が軒端の祭壇に読経参りをし、周辺に急拵《きゅうごしら》えの屋台が並んで人々で賑わう。期間中大浜公民館に展示される武者絵は県の文化財である。奈良屋町西方寺の隠居寺・観音寺の地蔵盆会も、小さなビルの前に小イスが並び、僧侶の読経に町の人が集まって供養する、昔ながらの町風景である。町角を巡って最後に行きつくのが、中洲川端の飢人地蔵尊である。午後九時前には花火が打ちあがり、幕を告げるのが恒例となっている。

参拝を受ける飢人地蔵尊

【周辺スケッチ】 享保年間（一七三二―三三）の大飢饉については、中央区大手門の浄念寺内の「飢人供養碑」に詳しい。

東中洲は、西を流れる那珂川が福岡部との境界になり、東の博多川に挟まれる中間地帯で、中心に歓楽街を抱える洲の一帯である。

川丈旅館由緒

▽中洲三丁目

【芸どころ発祥地】 川丈旅館は東中洲隆盛の起爆地である。創業者は長尾丈七。その父親は黒田藩御用大工棟梁で、帯刀を許された長尾太夫勝平である。その三男・丈七は川口町に生まれた。

丈七は父のあとを継ぎ大工となり、明治二十二（一八八九）年頃に川端町に移り住んだ。近くの作人橋が老朽し架け替えを周囲に諮《はか》るが賛同者がなく、自費で架け換えを断行した。明治二十六年に、中洲東詰にあった潮湯「共栄館」を買収し、佐賀から鉱泉を運んで「鉄冷鉱泉場」を開業し、「難病に効あり」と繁盛させた進取気概の人だった。

さらに丈七は表通りで小料理屋も兼業、湯屋の前に湯治客向けの下宿屋を開いた。「川」のそばの「丈七」を語呂合わせして、「川丈《かわじょう》」と名付けたのが川丈旅館の名の由来という。

丈七は芸達者で、明治三十年に組織した博多にわか「源連組」に加入し、やがて自らが座長となり、長男虎吉も含め十五人で「川丈組」を組織した。最初の座長・大場源兵衛と組み、大阪にわか師から習った「二人羽織」芸をお家芸に代々引き継いだ。

しかし昭和五十年代にはこの芸も古典扱いになり、落ち目となる。最後のコンビが博多玄海・野田末吉（名人にわか師の二代目コンビ・野田米吉の弟）である。

丈七は明治三十七年、湯治客向けに娯楽場「川丈座」を開業した。東京・京阪の多彩な人気芸人を招いて興行し、地元で芸人の育成にも努め、川丈座は博多芸どころの震源地となる。

昭和二（一九二七）年、芥川龍之介が三十六歳で自殺したその年の十二月、川丈浴場は鉄筋三階建てに改築されたが、丈七は間もなく他界する。長男虎吉が跡を継ぎ、事業拡大に意欲的にのりだした。虎吉は五年後に旅館を修築し、須崎土手の新聞社跡を買収しホテルを開業、さらに「東中洲発展期成会」を組織し、地区発展に尽力する。西大橋架け替え協力、道路、街灯、公園緑化などに貢献する。博多券番の衰退にもテコ入れし券番温存に尽した。

「正調博多節」は、川丈座の出し物から出世した名調子である。嘉永年間（一八四八―五三）はペリーが浦賀に来航した頃だが、この頃、好色唄「世の中おもしろ節」が流行した。その旋律が「博多節」のルーツとなり、歌詞が変化し「鼻と鼻とがお邪魔になって、口も吸われぬ天狗様、世の中陽気でいかしゃんせ、実おもしろや」の天狗節で大はやり。明治二十年頃は博多で「博多帯締め筑前絞り、歩く姿は柳腰、世の中陽気でいかしゃんせ、実おもしろや」と唄われた。

明治二十七年頃に少し変化し、第三次流行で「博多節」として普及する。歌詞の間に「ドッコイショ」の合いの手を入れ、「お月さんがチョイと出て、ハイ今晩は」と囃子言葉もついた。しかし、定職がなく日毎の生活に困る者が物乞いに、門前でこの節を歌ったことから歌は敬遠されるようになった。

明治四十年頃、「九州・沖縄八県共進会」で博多節の人気が見直され、新歌詞の博多節が待望された。丈七の長男・虎吉は歌が得意で、川丈組の高橋岩吉と、三味線が得意な徳永忠吉とで作曲し、歌詞は今村外園による「正調博多節」が誕生した。早速、川丈座で公開すると、水茶屋券番の新吉さんと相生券番のお秀さんの正調博多節は大好評となった。

大正十（一九二一）年、歌詞を一般募集し、その披露公演が、券番芸妓による「正調博多節試演会」として四日間川丈座で開催された。歌詞の「操《みさお》たてじま命も献上　固く結んだ博多帯」は、当時の寺内正毅元帥の懸賞当選作でもあった。

博多川沿いにある川丈旅館

昭和三（一九二八）年の東京博覧会で、中洲券番芸妓連が三日連続で公演し、大盛況となる。

「博多来るときゃ一人で来たが　帰りゃ人形と二人連れ」「日の出宝満《ほうまん》　夕日は愛宕《あたご》間《あい》の博多は宵知らず」「筑紫名所は博多に宰府《さいふ》　芥屋《けや》の大門《おおと》の朝嵐」「姉も締めてる妹《いも》とも締める　男肌への博多帯」、こんな名調子で座席は売切れ盛況であった。

【周辺スケッチ】　川丈旅館は博多川西岸沿いにある。川丈前の博多川の東向こうは、川端商店街の家並み裏側沿いである。川丈旅館から二〇〇メートル足らず南に下ると道沿いに享保大飢饉の犠牲者を供養した、中洲川端飢人地蔵尊祠があり、八月二十四、二十五日は人出で賑わう。

五足の靴文学碑

明治四十（一九〇七）年、若き詩人の一行が九州旅行に旅立った。詩歌革新運動を目標に「東京新詩社」を設立し、雑誌「明星」を創刊した与謝野鉄幹（三十四歳）を筆頭に、東大と早稲田から各二名の学生が加わった五名の若者達だ。平野万里（東大工科二十三歳）、木下杢太《もくた》郎《ろう》（東大医科二十二歳）、北原白秋（早大文科二十二歳）、吉井勇（早大文科二十一歳）である。鉄幹以外は二十二―二十三歳の青年であった。五人の紀行文は西南九州の旅をリレーで続け、博多から柳川、佐賀、唐津、名護屋、佐世保、平戸、長崎、島原、天草、霧島、熊本、阿蘇を巡り、「五足の靴」の表題で「東京二六新聞」に二十九回連載された。

当初は北海道を予定したが、白秋の伝習館時代の詩の仲間から、「新詩社」の同人と交流を望む意向が白秋を通じ伝わり、それならと九州巡行になった。木下杢太郎が、上野図書館で天草切支丹史料を勉強し、天草行きを希望したので鉄幹も同調。旅行は長崎・天草中心の西九州南蛮探訪となった。

五足の靴碑

五人の紀行文に南蛮情緒が溢れる作品は多くはないが、その後、詩歌・脚本に異国情緒や南蛮趣味を示す詩歌革新運動が進んでいった。この旅で感受性を高めたことは歴然である。

3階建ての川丈旅館

厳島、赤間関から七月三十一日に博多入り、博多文学愛好者と西公園吉原亭文芸会場を出て、船で博多に廻り、川丈旅館の二階を宿にした。翌日は千代の松原、東公園、名島、博多湾を周行し白秋の郷里柳川へ向ったという。当時の「福岡日日新聞」八月二日付記事に、一行の記事・写真が残っている。

旅行の主目的は天草西海岸、大江天主堂宣教師・パーテルに会うことだった。後年、吉井は「異国情緒を唱え南蛮文学に関心を持ち始めた私達は、専ら切支丹遺跡を訪ねる目的であった。パーテルの詩の雰囲気で分かるとおり、いかに自分たちがパーテルに若き日の思いを寄せたかが思い出される」（五人づれ著『五足の靴』岩波書店）と述懐している。

この旅のあと、白秋は処女詩集『邪宗門』を完成させ、杢太郎は「長崎ぶり」などの作品を発表した後、切支丹研究者として貢献し、また戯曲「天草四郎」なども書いている。

吉井勇も南蛮文学に目覚め短詩や歌を書き、歌集『酒ほがい』を発表した。

博多を回想した吉井勇の歌碑が、昭和四十一年に川丈旅館玄関脇に建てられ今も片隅に残っている。

旅籠屋《はたごや》の名を川丈《かわじょう》といひしことふ
とおもひ出てむかし恋しむ

東中洲の昔と今

▽中洲三―五丁目

【幕末から明治末の東中洲】　現在の東中洲は、東の博多川と西の那珂川に挟まれた洲の総称である。南北に長い洲のなかを、東西に横断する北の昭和通りから、南の明治通りを越える南寄り一円をいう。現在は明治通りから南へ中洲繁華街は広がり、洲の南で国体道路が東西に横断する中洲一丁目あたりまでを「東中洲繁華街」という。この一円に福岡近代化の歴史が積み重ねられている。

　東中洲のあたりは、鎌倉時代頃までは海で、室町時代頃に那珂川の土砂が次第に堆積し湿地になり、戦国時代後半に陸地化し竹藪などになった。人が畑に利用し始めて、十七世紀はじめには北部あたりに商家が生まれたという。

　海外事情に明るい藩主・黒田長溥の顕著な軌跡が残る。東中洲は時代開化の痕跡地でもある。明治通り東中洲交差点北側歩道前に建つビルの、柱の陰に貴重な碑が隠れるように建っている。時代開化の象徴「福岡藩精煉所跡碑」である。当時の九州各藩は薩摩の島津斉彬《なりあきら》の科学技術研究所「集成館」の設立や、佐賀藩の鍋島直正が有能な藩士に洋学を学ばせ、精煉所で反射炉を築き鋼砲を製作するなど、近代化に力を注いでいた。砲製作では佐賀藩が島津藩より先輩格であったという。

　黒田長溥は竹藪と畑を拓いて、弘化四（一八四七）年に藩精煉所を設けた。福岡の近代文明発祥の地である。その跡地を示す記念碑が、昭和三十九年に当時の福岡市長が揮毫して現地跡に建ったが、周辺の建築物の陰になって、今では碑文はおろか、存在場所すらわかりにくいままになっている。歴史を詳細に、懇切に語る人は多いが、この碑の現状に物言う人はあまりいない。

　精煉所跡地は「岡新地」と呼ばれ、その跡地に福岡医学校が誕生した。黒田藩医の武谷祐之は藩主長溥に藩医学校の設立を申し立て、慶応二（一八六六）年に土手町（現・中央区）に「賛生館」を開校したが、廃

現在の精煉所跡の様子。写真左端にあるのが精煉所跡碑

藩置県で廃止になり、この精煉所跡地に県の努力で明治七（一八七四）年、福岡医学校が誕生した。福岡医学校は県立病院になり、明治二十九年には現在の九州大学病院の地へ移った。

日露戦争については、司馬遼太郎の『坂の上の雲』が有名だが、実は博多中洲にも日露戦争の逸話舞台があった。精煉所跡からさらに南寄りで現在の中洲繁華街から那珂川畔にかけた広い一帯である。

明治三十八年一月、日露戦後のロシア兵捕虜千人余りが博多港に運ばれ、一旦は福岡城の南櫓と武具庫に収容された。当時の博多商人は多数の捕虜は商売繁盛の種になると考え、小倉師団長と交渉し、収容所を東中洲に誘致することに成功した。

当時の電話交換局の北、共進会跡地の南一帯を竹矢来で囲み収容所とした。捕虜たちは最初のうちは週一度の外出許可だったが、ロシア兵相手の商売が繁盛し、次第に行動範囲も緩和され、町の酒屋も賑わうようになった。夏にはバルチック艦隊捕虜や、小倉収容捕虜も増え、手狭になって箱崎にも収容所ができ、総勢四千人を超えたという。

九月に入り講和条約が成立し、十月に長崎から帰国乗船のため博多駅から帰国の途についた。博多滞在九カ月の生活であった。百年以上も前の話だが、現在の繁華街のどこにもそんな気配はない。だからこそ歴史を辿る意味もあるように思う。

【周辺スケッチ】冒頭で地形を紹介したが、話題の中心地、精煉所跡地や岡新地学校跡は中洲五丁目の明治通り沿いである。黒田藩がこの地に入った当時、一緒に商人として帯同してきた後裔という人のビル界隈が精煉所跡地で、碑がある。さらに捕虜収容所跡地は明治通りから南側中洲三丁目交差点角から南へ那珂川河畔一帯までの広い地域であったと推定される。

萬行寺

▽祇園町

【寺の創建は元武士】　室町時代後期の享禄二（一五二六）年、本願寺第八世蓮如上人の命を受けた空性《くうせい》上人は、布教で博多にとどまり普賢堂《ふげんどう》町に道場を建立した。永禄年間（一五五八―七〇）、本山から寺号萬行寺を受け、弘治二（一五五八）年、近くの馬場町（現・祇園町）に創建し、寛永五（一六六五）年に現在地に移った。本堂仏殿の豪華さ、きらびやかさに目を見張る。空性は武士の出で、名は七里隼人《しちりはやと》。蓮如上人の徳を慕って剃髪・入門し、奈良の滝田川河畔の庵で修行した。勤行の途中、阿弥陀如来、観音菩薩、勢至菩薩の弥陀三尊の姿が眼前に浮かび、念仏を唱え平伏すると、洗米を持つ三尊の姿が鮑《あわび》の貝殻に映ったという。貝殻は寺宝として残されている。

　空性上人は、悪病に苦しむ人を救うため法華経一万部読経を発起し、九千部山頂で九千部を読み、印に三重の石塔を建てた。残り一千部は久留米で読んで地中に埋め「経の隈」の地名が残った。また別に一千部は那珂川町別所の田のなかに埋めたとも伝わる。

柳町の遊女・明月の墓

　武勇に秀でた武将七里三河守法橋正《ほうきようせい》は、萬行寺二世理慶の子で、兄の三世理善、四世理西の跡を継ぎ五世正海和上となった。大坂石山本願寺は、第九世顕如上人に率いられた一向衆徒が、元亀元（一五七〇）年から信長の猛攻を受け、十年間戦い抜いた籠城石山合戦の舞台である。このとき、正海は織田軍包囲のなかに切り込み戦功を挙げた。天正八（一五八〇）年に勅命により和解が成立し、織田軍も撤退した。山門の「おもだか」の紋はこのときの武勲に毛利の殿様から賜ったものと伝わる。

　門脇に「明月《めいげつ》の口蓮華《くちれんげ》」墓碑がある。柳町薩摩屋の遊女明月は、信心深く毎朝寺に参り続けた。死後、明月は寺に葬られたが、ある頃、その墓に白蓮が咲いたという。徳川時代の逸話が明治時代に入り、姿を変えて伝わった。

明月は備中の生まれで、薄幸にも遊廓に身を落としたが、遊女の鑑といわれていた。碑には常に生花が活けられ、薄幸な娘・明月に対する博多の人の思いやりが見られる。二月七日が明月忌法要日という。

【周辺スケッチ】　大博通りの途中、地下鉄祇園駅入口附近で国体道路が東西に縦断する。交差点を西の中洲方面へ五分ほど歩けば左手に萬行寺がある。門を入った右脇が「明月の口蓮華《くちれんげ》」墓碑である。門前に花屋さんの出店があり、碑はいつも生花が活けられている。

萬行寺周辺はキャナルシティ、グランドハイアットホテル、福岡シテイ劇場などが混在し、寺を残しつつ活気に満ちた一帯である。

享保大飢饉の餓死者供養塔

瓦町と下照姫神社

▽住吉一丁目

【房州堀で誕生した町と神社】　博多商人町は昔から北は海に面し、東は御笠川（旧・石堂川）、西は那珂川を境界にして自然の地形に守られていたが、南は地続きで境界がなかったため、房州堀が博多の南の境界となった。堀誕生説がいくつかある。

黒田長政が福岡入城当時、商人町を城下町に編入できず、那珂川境界の南側に商人町を構想した。東の石堂川と西の那珂川を環流させる人工堀をつくり、その工法名から「房州堀」と呼んだ。堀を活用して南の境界を設け、博多商人町は博多湾・石堂川・那珂川・そして房州堀で四囲を囲む町となった。

また、このことにより黒田家の福岡入城時、備前・播州や中津から共に移住した瓦職人の居住域「瓦町」が誕生し、「房州堀」に新しく南境界門「矢倉門」を構築した。博多警察署東横に矢倉門碑がある。矢倉門に近い瓦町の人々が、古くからあった神社を守護神として祀ったのが下照姫《したてるひめ》神社である。

下照姫神社のはじまりは、『筑前名所図絵』によれば、近くの森に「吉祥天社」があったことによる。吉祥天はバラモン族の女神で毘沙門天の妃であり、容姿端麗の美女である。「下照姫」は大国主命《おおくにぬしのみこと》の娘で、この照り輝くほどの美女神を祭神として、「下照姫神社」が瓦職人の守護神となった。

祭神の下照姫の鎮座由緒は古く年代不詳だが、応仁の乱（応仁元年＝一四六七年）で社運が衰退し、慶長五（一六〇〇）年に黒田長政の町割りで「瓦町」が設けられ、その時、黒田藩瓦師の守護神が現在地に移された。古来、住吉神社大祭恒例の神輿渡りの頓宮だったことから、「一九一二年（明治四十五年）に住吉神社摂社になった」と「旧瓦町下照姫神社奉賛会記」にある。

福岡城の瓦を本業に焼く瓦職人（正木岩松家の末裔・宗七）が、瓦人形を焼いて黒田長政に献上したのが博多人形のはじめという。博多人形は土着の博多人ではなく、黒田家帯同のお抱え職人が始祖という。

矢倉門碑

さて、房州堀跡を現在地形上で辿ってみる。石堂川西岸の福岡市水道局と若八幡宮を挟む道を西へ向かう。駅前公団住宅から出来町公園を過ぎ、大博通り大博多ビルから博多区役所北側へ抜け、博多警察所前をかすめ、キャナルシティを縦断する。那珂川支流である博多川の支流鉢底川をこえ、さらに堀は西へ延びる。済生会病院から市役所・イムズビルを通過し、西鉄福岡駅を真西に貫通し、赤坂門方面に入って福岡城の堀に通じる経路が浮かんでくる。

博多警察署前の大通りは昔、千代町・潟洲町（現・福岡高校前）、緑橋、そして博多駅から住吉・渡辺通りへと循環する市内電車が走った。管弦町、住吉などの旧町名の電停もあったが今は消えた。

【周辺スケッチ】 下照神社は櫛田神社や萬行寺そばの

旧瓦町にある下照姫神社

国体道路の南にあり、祇園町・住吉一丁目界隈になる。附近にキャナルシテイ博多、ウエルビーホテル、交差点角に三井アーバント・ホテル、東に博多署が隣接する。警察署の路地角に「矢倉門碑」がある。「矢倉門」は、博多商人町の南境界に構築された房州堀（堀幅二〇間余）の往来口で、西中島橋枡形門に類する商人町の南出入口である

官幣小社住吉神社

▽住吉二丁目

【海人祖神の筑前一ノ宮】　日本中の海岸に鎮座する住吉神社。その総本社が「筑前一の宮」という。大阪の住吉神社が総本社ともいわれているが、また他方、神功皇后の三韓遠征の際、舳先《へさき》で白髪の住吉大神（ツツノヲ三神）の現人神が航海の安全を守ったことに皇后が感謝し、帰国後に海岸で祀った現人神社が、那珂川町の現人神社であり、これが住吉神社の起源だとも言われている。

祭神は「ツツノヲの神」で、その代人は船上で常に航海安全を祈願し「謹《つつし》みの役目」を担った。古い時代から海人《かいじん》（海で労働する人）の祖神として崇拝を受けた。当時博多湾は深く湾入していたが、次第に海岸線が沖へ後退し、いつしか社殿は海辺ではなくなった。

平安時代は海岸線が今の高宮（南区）付近まで湾入していたという。曰佐《おさ》・高宮にある住吉神社もこの変

住吉神社

遷の名残りとされる。

「ツツノヲ」三神は、イザナギが黄泉の国から逃げ帰ったのち、穢《けが》れを落とすため「筑紫の日向《ひむか》の橘の小戸《おど》のあわぎ原」の海水で禊《みそぎ》をした際に生まれた。

ツツノオ三神・アマテラス大神・神功皇后は航海安全の神として祀られ、神社北前に「天竜池」と「天津《てんしん》神社」がある。池は昔の入海の名残りという。貝原益軒は、イザナギの尊が黄泉から逃げ帰り、禊をした場所はこの天竜池だという。池の小島・天津神社石塔に注《し》連縄《めなわ》があり、その下には小判千両が埋まるともいわれた。「朝日照り夕日輝くその下に黄金千両……」と付近で歌われたという古話もある。

鎌倉幕府の記録『吾妻鏡』に、平家全盛時の住吉神社荘園は、皇室御領の一部で後白河院《ごしらかわいん》の支配下であったが、住吉神官は相次ぎ伊豆流罪になったとある。後白河院と平家・清盛の不仲が因といい、平家が勧請した櫛田神社と住吉神社の角逐因縁も伝わる。博多の有力社寺は日宋貿易で潤うが、平家の貿易独占が社寺貿易に影響を与えた。住吉神社が航海安全の神で海上交通に深く関与する立場から、平家の貿易独占に反抗が生まれ、結果として流罪となった神官たちが源頼朝と連携した。源平の戦では西国水軍が平家滅亡へ大きな役割を果たし、源平の戦の後には、流罪の神官達は住吉神社に復帰し、幕府御家人になって奉行などの要職についたという。

【周辺スケッチ】　住吉一丁目の商業施設キャナルシティから南へ四、五〇〇メートルで、市内バスなら駅前四丁目か、住吉宮前のバス停で下車すれば近い。

現在の大橋（南区）周辺に残る地名「塩原《しおばる》」は、海沿いの塩田の名残りといい、往時の地形を想像させるが、住吉神社傍に博多湾が湾入していたとはなかなか想像しがたいほどに、今は海岸から遠い。

承天寺

▽博多駅前一丁目

【武藤資能と謝国明】　万松山と号する臨済宗東福寺派である。もとは箱崎八幡宮の十万坪の荘園土地に、武藤資能《すけよし》が大壇越となり、当時宋商人から帰化した謝国明が総建築費を負担し工事を引き受けた。仁治三（四条天皇・一二四二）年に完成し、聖一国師が日本禅寺十刹とし、盛時には塔頭《たっちゅう》（子院）四十三寺を持つ禅寺であった。寛元元（一二四三）年、宣旨により大宰府崇福寺と共に「勅願所官寺」となる。

壇越の武藤資能は元来が平氏武将であった。源平争乱のとき、源氏武将の戦いぶりに惚れ込んだ平家武将の資能は、平氏の凋落を予感し、源氏に降って、源氏武将となる。そしてみごとに源頼朝の信頼を得た男である。

資能は承天禅寺開山から僅か三十二年後の元寇の役では九州総大将となり、身命を賭して戦った男である。承天寺大壇越が、やがて元寇戦の武将として総大将をつとめたのである。

聖一国師（円爾弁円《えんにべんねん》）は、建仁二（一二〇二）年、駿河の生まれ、

承天寺の方丈と前庭

承天寺堂内

五歳で仏門に入り久能山で天台学を修め、承久二（一二二〇）年に鎌倉寿福寺・行勇に禅を学び、諸国で修行をした。

嘉禎元（一二三五）年に謝国明の手配で博多から明州に渡航、阿育王山などで学び在宋六年で禅を極めた。仁治二（一二四一）年に明州から博多に帰国し承天寺を開山。明州の無準師範《ぶしゅんしばん》から贈られた「勅賜承天禅寺」の扁額を掲げ、開山翌年の秋には隋乗坊湛慧《ずいじょうぼうたんね》に招かれ、大宰府横岳崇福寺で開山説法を行った。

聖一国師の博多滞在は僅か二年だが、承天寺で禅の普及に努める傍ら、「喫茶のならわし」「饅頭製法の口伝」のほか、「施餓餓棚」を町人に担がせ、浄水を町の辻ごとに棚から撒いて病魔退散祈願をした。これが博多山笠の初めという。博多山笠が文献記録に表れるのは永享四（一四三二）年で、櫛田祇園社の祭りとある。飾り立てた山笠が町中を練り歩くようになった初めである。

平安の中頃から日宋貿易が盛んになり、宋商人が多く博多に居住し巨利を得た。鎌倉初期のその一人が謝国明である。建久四（一一九三）年に宋・臨安府生まれ、商船持ちの商人で、海路の中継点に小呂島《おろのしま》を領有し、博多で帰化し日本人妻を娶《めと》り、巨万の富を手に櫛田神社傍に住んだ。彼の名には「綱首《ごうしゅ》」が付くが「自分の船で貿易ができる商人」の意味である。彼は在宋時代から禅宗に帰依し、聖一国師の渡海を世話したり、常に国師の傍で禅宗の普及に力を入れた。

日宋貿易で潤うのは一部の商人で、一般の商人・町人たちは貧しい生活であった。そこで謝国明は、年末になると必ず縁起直しや景気付けに供出をし、蕎麦を振舞った。それが年越し「運そば」の名で呼ばれた。承天寺境内に「饂飩蕎麦《うどんそば》発祥之地」碑がある。日中友好の先覚者だが、弘安三（一二八〇）年十月、八十七歳で没した。彼の墓碑は博多駅一丁目にある。横に巨大な楠が墓を呑み込んで立ち、大楠さまと呼ばれ毎年、八月二十一日に境内でたくさんの蝋燭《ろうそく》を灯もす千灯明祭が行われている。

承天寺敷地は、明治三十二年の鉄道開通で、以前の三分の一に減った。現在は四子院だけがある。

乳峰院《にゅうほういん》　宝治二（一二四八）年に春日市上白水に創建され、寛文九（一六三二）年ごろ現在地に移した。

開基は筑前守護職・武藤資能である。

宝聚庵《ほうしゅうあん》　正応三（一二九〇）年に創建、宝覚東山湛照禅師の開山。備中の人で聖一国師の禅風にあこがれて来博。博多大空襲で焼失し、再建は昭和六十一（一九八六）年である。

天與庵《てんよあん》　正安元（一二九九）年創建、円鑑禅師蔵山順空開山で、聖一国師の弟子である。伽藍は昭和二十年の博多大空襲で焼失、一九六五年の再建伽藍である。

祥勝院《しょうしょういん》　正和元（一三一二）年創建、聖一国師高弟南山士雲（承天寺十世住持）開山。十二月第二土曜に博多人形商工業協同組合の人形供養が行われ、人形師の遺作が寄進される人形堂もある。

【周辺スケッチ】　博多追山笠は櫛田神社を出発後、国師の施餓鬼《せがき》棚《だな》由来に倣い、承天寺門前で一旦山笠を止め、祝いめでたを斉唱奉納する慣わしがある。山門、勅使門などは戦災で焼失し寺域も縮小したが、平成三年の開創七五〇年を期に仏殿、山門等が復興された。

高場乱の人参畑塾

▽博多駅前四丁目

【反体制塾の盛衰】　藩はかつて、犬鳴山中の別館や福岡城内、そして現在の東領団地から住吉神社あたりまでの一等良田の一部に、三大人参畑を有していた。いずれも竹矢来で囲み、厳重な監視の下に高貴薬人参（高麗人参）を栽培した。高場乱《おさむ》が開いた塾は、藩が管理したこの人参畑の跡地であったことから、「人参畑塾」と呼ばれた。

乱の父・正山は男子に恵まれなかったことから、乱を男として育て上げた。しかし年ごろになるにつれ、乱を不憫に思った正山は、乱に眼医者の跡継ぎを望み、婿をとることにした。父の思いが叶うならと、一旦は婿とりを承知した乱だったが、すでに心底から男勝りとなっていた乱には、今さら女になり夫婦の契りを交わすなど、到底越えられないことであった。

再び男気風に戻った乱は、一層、男尊女卑の世相に反発し、男装で生涯を通す決意を固めた。女のすることは人並みにできても、すでに女は捨てており、身だしなみは全く無頓着であった。離婚沙汰を挟み、父と感情面で疎遠になり、眼科医の父は憔悴し無気力となった。乱は、家業の眼科医として再出発する道と、学者の道を志し、亀井南冥・昭陽父子が中心となってたちあげた私塾・亀井塾に入門した。

亀井塾で机を並べる平野國臣は、乱より三歳年長だったが、國臣と論争するとき乱は、いつも自分が奔走したい衝動に駆られた。弟子達と塾で朗読する『管子』の言葉に、ふと沈潜した情感を覚えた。「一年の計は穀を植ゆるに在り、十年の計は樹を植えるに在り、百年の計は、人を養うに在り」である。「そうたい！わしの仕事は人づくりたい！」。眼から鱗が落ちる思いであった。

国家有為の人材を育てる決意を固めた乱は、寺子屋風の家塾を開いた。瓦町（現・祇園町）の家の玄関に「めいしゃ高場正山元陽」（元陽は乱の諱）と看板を掲げ、そのとなりに「高場塾」の看板を並べた。安政三（一八五六）年、乱は二十五歳になっていた。教育方針は、剛毅で男らしい九州男児の育成であった。

父の正山は、乱が家業を継いでくれることを知ったのち、七十二歳で世を去った。

明治五（一八七二）年、正月直前、瓦町空家から出た火は季節風に煽られて、高場眼科と高場塾を一気に焼いた。乱は、甘棠館焼失を悲しく思い出したが、倒幕運動に散った人々を思うとき、古いものを焼き尽くす新しい展望の炎を向こうに見ていた。

乱は火事の翌年に塾を再興する。福岡藩が薬草人参を栽培していた畑の跡に、四十三歳で経学の道場を開き「興志塾」と名づけた。瓦町から南東へ約四キロ、現在の博多駅前近く、住吉神社の向かいの角あたりになる。

興志塾は亀井派の流れを根本とし発足した。当時、福岡に学塾は二つあり、正木昌陽の鳥飼塾と高場元陽の塾である。両者は対照的で、鳥飼塾は温厚篤実な青年が多く、興志塾は豪放磊落で手の焼ける暴れん坊の塾。正木昌陽は平野國臣とは竹馬の友で、幕末動乱時も尊王と神社崇拝の念に忠実で、一時は香椎宮祠官も務めた。一方興志塾は豪傑道場といわれ、萩の松下村塾や日田の咸宜園に負けぬ覇気を目指し、平岡浩太郎も興志塾に学んだ。

廃藩置県であぶれた旧士族の若者が、一気に興志塾に入門し蛮勇の名が広まる。箱田六輔などもいた。

この頃、明治新政府に不安を持つ農民が一揆を起こした。筑前竹槍一揆である。一揆は県庁が陸軍に依頼し、熊本鎮台の応援で一カ月で鎮まった。

かつてこのあたり一帯は人参畑であった

ある日、興志塾の玄関にぶらりと妙な男が立った。乱が応対に出るといきなり、「塾に入りたかとです」という。乱が「ここは乱暴もんばかり」といえば、「面白か。弟子にしてくれ」と食い下がった。二十歳の頭山満《とうやまみつる》であった。

乱は入塾を認め、隠れるように塾生部屋を覗いて新入りの様子をうかがった。一筋縄でいかぬ面構えの塾生達の中で、一人前に鍋に箸を入れる平然とした満の姿を見て、乱は妙に男っぽい新入りに新鮮さを感じた。塾生達は新入りを隙あらば痛めつけようと狙ったが、頭山の豪胆さに負けた。頭山はいつしか胆の据わった男と評価され、塾で一目置かれる男になる。乱は頭山の隠れた器量を暗に認めた。頭山の古武士の風格と、無欲で小事にこだわらず、天性の洞察力で大局を見通す男ぶりは、後年、その気風が歴代の首相に信頼された理由でもあった。

高場塾は常に動乱の中で人を鍛えた。佐賀の乱、秋月の乱、福岡の乱と限りなく反骨の人々を輩出した。例をあげればきりがないが、一人だけ紹介する。

明治二十二（一八八九）年、時の外務大臣大隈重信

人参畑塾趾碑

による、国辱的な条約改正案に、国内で反対論が沸きあがり玄洋社も呼応した。乱の愛弟子・来島恒喜《くるしまつねき》は、閣議を終え霞ヶ関の外務省門に通りかかった大隈に、フロックコート姿で爆裂弾をなげた。大隈は命は助かるが右足切断の重傷を負う。来島は、物陰で仔細を見届ける役の月成功太郎に、成就の合図をするや自決した。来島の国思いの一徹を語る逸話である。

玄洋社ではこの事件に関係して頭山満、進藤喜平太、杉山茂丸、林斧助、岡喬、高田芳太郎、月成勲、玉ノ井騰一郎などが取り調べを受けた。すべて高場塾関係者であった。

【周辺スケッチ】 人参畑塾の旧地はすでに、交通機関の重要拠点とビル街になり、かつての畑の面影は全くない大都市の景観である。昔の国鉄博多駅は、現在地より五〇〇メートルほど北にあった。人参畑は当時の駅から遙か南の畑地だったが、現在では博多駅前四丁目交差点傍が人参畑塾跡地であり、大きなビルの脇に「高場塾趾」の碑が建っている。

高場乱の生い立ちと系譜

高場乱《おさむ》は天保二（一八三一）年、博多瓦町（現・祇園町）の眼医者・高場正山と後妻・スガの間に生まれた。彼女は父の跡を継ぐ眼医者となるが、一方で亀井昭陽に儒学を学び、二十五歳で家塾を開いた。瓦町から人参町に移り興志塾と名乗った。ここから巣立った志士は多い。箱田六輔、頭山満、進藤喜平太らで、彼らはのちの向陽塾（のちの玄洋社）を興した。人参畑跡に開いた塾の名と、乱が男勝りだったせいで、晩年は「人参畑のババさん」と呼ばれ、明治二十一（一八九一）年三月、六十一歳で没した。墓碑は箱崎の崇福寺にある。彼女の墓碑銘は勝海舟の揮毫である。

さて、高場家の始祖・高場順世は、江戸時代に粕屋郡須恵町で眼科医院を開業した天草の人である。天正年間（一五七三―九二）、豊後で日本最初の医学校を開校したポルトガルの外科医が、晩年を天草で過ごしたことで、天草は古くポルトガル系の眼科治療法が伝わったらしい。天保年間（一八三〇―四四）には漢蘭折衷の眼科術を基礎に、日本の眼科医術は急速に進歩し、それが高場家始祖・順世治療法の源流であった。後に高場流を伝え、須恵町の眼科医名を高める田原眼科の先祖も、豊後大友家の家臣が大友滅亡時に須恵町に逃れた系累とも伝わる。須恵の田原眼科は代々、白内障を得意とし、師匠筋の高場眼科を凌ぐ勢いの「上《かみ》須《す》恵《え》の田原眼科」として人気は高く、通う患者で宿場は賑わった。須恵全域で六十軒近い宿屋があり、目薬販売、行商で近郷の人を羨しがらせたという。

高場乱の祖父、高場正節は高場眼科の中興の祖であり、三人の子の三男が、乱の父・正山である。正山は兄と亀井塾に学ぶが、正節の死後、兄の遺児を後見し治療やその養育にあたった。正山の妻の姉は野村望東尼の母である。

正山は長男誕生後、妻と離別し西

新町に移転し、やがて後妻を迎える。乱の母スガである。夫妻は西新町から博多瓦町に移り、再び眼科を開業する。瓦町の氏神・下照姫神社傍で再婚後に生まれた一男五女は、乱と姉の二人以外は皆夭折した。

時代を眺めれば乱が誕生する前年、天保元（一八三〇）年は長州で吉田松陰が、近くでは福岡藩勤王派家老加藤司書も誕生していた。

乱の誕生当時、瓦町の玄関には「めいしゃ高場正山元近」の看板と並んで、目薬「五黄湯」の看板もかかげた。

正山は再婚後に次々と子が夭折し、男子による跡取りの望みが薄くなったとき、男以上に利発な乱を男勝りに育てようと密かに心を決め、腐心した。当時では大きな賭けである。乱が腰に帯刀の男装なのは、父の決意そのものであった。末《すえ》は秋月藩稽古館訓導で私塾古処山堂を開いた「原古処」の娘、原采蘋《はらさいひん》の再来を願ったという。乱は三十三歳年長の采蘋を鏡に訓育されることになった。

帯刀は元服武士の公認を意味し、幼名、諱《いみな》、通称の使い分けも武家男子の慣いだった。通称の初めは「小刀」で、刃に薬を盛って量る匙《さじ》を指し、医者の卵を意味した。しかし藩中に同じ名があり「乱」と改められた。読みは「おさむ」で、みだれをおさむるを意味とした。乱は姉と別の育てられ方に抵抗も感じたが、それだけに、父の思いに応える決意も固かった。

母・スガは聡明で几帳面、また明るい気性で、乱の衣装に気苦労したが、乱は頓着もなく、いつしか絣《かすり》の着物に小倉の袴で通すようになった。乱は男勝りの格好でも、躾は女の一通りを母に強いられたが、どう見ても粗雑な風采であった。

やがて年頃を迎えた乱に、父は少し後悔を始める。娘に男勝りに育つよう無理を強いたことに悩みながら、やがて乱に婿養子を迎えることを思いついた。男として育ち、剣道・柔術に長じた今、今度は女になって跡継ぎを生めという父に、乱は心中ではげしく反抗した。婿候補が現れ式を挙げ、肝心の夫婦の夜に及んで乱は、今更ながら、それまでに研鑽した男の気配を拭うことができなかった。父の遠謀にそむき、妻であることを放棄した。男にもどり結局その縁談は霧散した。

興志塾の源流

各地で藩校が次々に誕生したのは、時代の流れに伴う藩の将来への危機感の表れであり、福岡藩も例外ではなかった。

天明年間（一七八一―八九）、藩主三代が夭折し、長崎警備で藩財政も逼迫《ひっぱく》するなどの打開策として、新たな人材の養成と、藩風改革を急務とした。その施策として二つの学問所を興した。竹田定良の東学問所（修猷館）が、上《かみ》の橋の福岡城正門前の赤坂門にでき、他方に高名な儒学者・亀井南冥が、四十歳過ぎで教頭（校長）に就任した西学問所（甘棠館）の誕生である。

互いの教育方針は儒学でも、朱子学派の東学は「自説をやたらに唱えず義理を明確にすること」を説き、一方の荻生徂徠派の西学は「学問すなわち政治」を説き、理論を超える激動の時代には、自由闊達な討論を尊重し、権威に従属しない個性的な主張を大切にするという具合に、互いの教育方針は対照的だった。

特に西学問所の甘棠館は「亀井南冥の豪放な気風から開放的な論陣を尊重し、師の説に埋没しない自由」を尊重して実践した。藩政が学問を実践に取り入れたことに諸藩は注目し、修学者が激増する。この勢いに藩内の改革を自重する守旧派や、対立する東学の反目は激しくなる。

その真っ只中で、昇竜の勢いの甘棠館が、日照り続きのある日、出火して全焼する。豊後日田の広瀬淡窓も罹災を知り遠路駆けつけたが、南冥の茫然自失とした悄然たる姿を見た。

ただちに親しい藩家老に再建のための陳情をするが、藩は再建を許さなかった。それは、甘棠館を取りつぶす意向からではなかった。時の執政松平定信が寛政七（一七九五）年に昌平黌《しょうへいこう》教官などに通達した異学の禁止令「寛政異学の禁」の本来の趣旨を、各藩が一様に過敏に受け止めたためであった。

この禁は、幕府の学校と幕吏登用試験を本来の対象としたものだったが、この通達に対し名のある藩校・仙台の養賢堂、名古屋の明倫堂、萩の明倫館などが、朱子学中心に切り替えたことから、諸藩が横並びに自藩の問題と受け止め、粗忽にも対応した結果であった。

亀井家は、南冥、その弟の曇栄和尚、南冥の長男・昭陽、次男・大荘、三男・大年らを学者一家とし、「亀井の五亀《ごき》」と称賛された。筑前では南冥も貝原益軒も儒学者として足跡を残すが、共通項は「独自の世界構築と独創性に富んだ考え」にあったという。

益軒の弟子・竹田定良が継承した東学問所は、師の遺訓学風を守り、体制派の地位を不動のものにしたが、亀井学派の西学問所は南冥が甘棠館焼失で意欲を喪失し衰微の道を辿った。その後甘棠館は、興志塾（高場塾）、向陽塾（玄洋社）と姿を変えながら、源流の精神を継承していった。

福岡藩は体制派の貝原益軒派と反体制派の亀井南冥派の確執が続き、藩の威力が下火になると亀井派が台頭し、藩威が高まると自然、反体制の亀井派は衰退するシーソーバランスが続いたという。

比恵環溝住居跡

▽博多駅南四丁目

環溝住居跡

【小林地区環溝住居跡】 広大な弥生遺跡のなかの一遺跡、「比恵環溝住居跡」にふれる。

博多駅南四丁目の「小林地区」は、古代から那珂川と御笠川に挟まれた地域で、低い丘陵地が南北にあり、弥生時代には住居地であったと推定される。

この小林地区から多くの住居跡や甕棺が出土し、我が国初の環溝集落の発見となった。

昭和二十七（一九五二）年、小林町第一市営住宅建設地から、甕棺や弥生土器が出土した。調査の結果、隣接の古賀地区環溝遺跡も含めて、弥生文化を知る上で大きな史料と確認され、本格的な埋蔵文化財発掘調査の草分け、記念碑的遺跡となった。この小林地区遺跡（比恵環溝住居跡）は幅一メートルの溝で囲まれた一辺一〇メートルの環溝である。内側に二つの竪穴があり住居跡と推定される。

この地域ではこのような環溝住居が集合し、大きな村落となり弥生人が生活したに違いないという。今では大都市の街中に潜む古代ロマンの跡地である。現在ではアパートの片隅にあり、立ち木が塀のように並んでいて見過ごしがちな町中の遺構だ。

【周辺スケッチ】 博多駅東から南下する筑紫通りの山王公園前付近で、南西方向に道を入った「市営小林町団地」が現地である。

松原水由緒

▽東公園

【明治の博多水売り】　東公園千代町側に二つの高灯籠が建っている。大通りが二手に別れる左のバス通りの先の広場に、古井戸松原水碑がある。公園とは名ばかりで淋しい風景だが、その昔、皇族巡幸もあった記念碑と、「松原水」という名で清水が汲まれた遺構がある。近くの大学敷地にも、秀吉が千利休と野点《のだて》をした古井戸の碑がある。千代の松原一帯は井戸の名残が多かった。

　黒田家菩提寺の崇福寺にも、昔の手突き井戸ポンプが最近まで健在であった。墓所庭内の散水用らしく、古色蒼然とした周囲の景観のなかで汲み出される水は、眼にも新鮮だった。

　さて千代の「松原水」井戸跡は、形だけが残る枯れ井戸である。昔をしのぶ井戸跡で、古い由来板の墨文字も薄れ、判読困難である。昔の生活の原点を語る遺構だが、木の葉が朽ち果てたような粗末な姿では、文化都市の名に悖《もと》る気がする。私たちは渇水で大騒ぎを体験し、水に煩いながら困難を克服してきた。今でこそ大都市を標榜するが、そんな傍らに、水の歴史を置き忘れているようだ。長年放置のままの板碑にその姿が映っている。古い歴史を呼び起こす努力を通じ、今では経済都市を標榜しているが、簡単で地道な努力が迂闊にも後回しになっているようだ。

　消滅寸前の碑文を拾い読みしたが、不明瞭な字は□で補って板碑文を紹介する。どこかに正確な原文は残るはずだし、心ある人の注目を期待している。

松原水について　明治初期、まだ井戸水を利用していたころ、博多部の井戸は水質に恵まれず、そのため飲料水は当時の那珂郡千代村一帯（現在の博多区千代付近）に続く松林（千代松原）の砂地から汲む井戸水を汲んでまかなわれていた。これも次第に建て込む人家の家庭汚水で利用できなくなってきた。そこで明治二十九（一八九六）年、福岡市は飲料水確保のため千代村堅粕（現在の博多区東公園）の東公園内の国有地約一アールを年間一円八銭で借り受け、工賃五十円で施設の井戸を掘った。これが「松原水」の起こりである。

明治三十四（一九〇一）年には福岡市による、市設井取締規程が定められている。井戸には看守を置くこと、汲む者は給水許可証を携帯すること、料金は一石（一八〇リットル）に十銭宛□□□細かく規定して本格的に管理された。このようにして、業者が水桶一、二個を積んだ大八車をガラガラ引いて、戸別に配達した為上水道通水（大正十二年）まで、松原水売りは博多の風物詩であった。なお、明治三十三（一九〇〇）年皇太子嘉仁親王（のちの大正天皇）が来福の際、飲料水として使われ、記念の石碑が傍に建っている。

松原水碑と由緒板

福岡市

【周辺スケッチ】東公園の南西はずれの広場にある。かつて市電が馬出《まいだし》から千代町に向かって走った途中に位置する。残念ながら記念碑周辺の粗末な佇まいは史跡地の気配がない。昔の博多文化を学ぶ上で忘れられない史跡である。

水の大切さを喧伝する努力は今や普段の躾となったが、博多の水文化を尊ぶ素朴な史跡への心遣いは、寂しいかぎりである。板碑□カ所の解消も心待ちにするが、文化のほころびは、折々に繕うことも大切だろう。

恵比須神社

▽東公園

【博多十日えびす】関ヶ原合戦の十年ほど前、文禄元（一五九二）年、武内五右衛門が崇福寺北裏に松原夷《えびす》社を祀ったのが起こりという。博多商人が一月十日に夷社に参拝し、そのお賽銭《さいせん》を拝借する際、一文を景気づけて千倍に見立て「一貫目」と呼ぶ。返済は実際に借用した倍額を返す、俗に「えびす借り」の起源である。

千代の松原は戦後公園化し、千代交差点から箱崎に向かう道の正面両側に高灯籠がある。右の通りを行き、千代小学校の先に松原夷社、現在の恵比須神社がある。戦後の大阪今宮えびす行事に倣い、芸妓を籠に乗せて参詣する「宝恵籠《ほうえかご》」行列が定番だった。人手不足で昭和四十五（一九七〇）年に籠行列は廃止され、代わって艶やかに正装した芸妓衆が、徒歩で参詣する徒歩《かち》詣《まいり》になった。昨今は大型バスで高灯籠付近まで車が入り、そこから境内まで芸妓行列が続く。籠行列にかわる艶姿は人目を引き、昔はさぞ艶やかな籠行列だったに違いない。

芸妓衆による徒歩詣り

芸者衆の参詣姿は、新春に華を添える。博多では通称「十日えびす」と呼び、十日えびす期間は、一月八日が「初えびす」、九日が「宵えびす」、十日が「本えびす」、そして最終十一日が「残りえびす」の全四日の縁日である。なかでも「宵えびす」が艶やかな芸妓衆の参詣日で、十日えびす市の人気日である。芸妓の正装は今では貴重な眺めで珍しく、その艶姿を一目見ようと集まる人々で、界隈はなお一層の混雑となる。

年の初めの博多人の元気な市風景だが、一月十日を柱に四日間出店が並び、露天で縁起の笹竹飾りを買い、商売繁盛を祈願するため神社にお参りする人々で、寒い季節を忘れさせる熱気がある。すべて元気印の祭日である。博多っ子は、春のどんたく祭り、夏の祇園山笠、秋には箱崎放生会が有名だが、これに先立つ新年早々の開運・運気招来の祭りである。

【周辺スケッチ】　東公園一帯の中に福岡県庁、県警察本部や市民体育館があり、日蓮上人や亀山上皇の銅像も建っている。そこから少し北寄りの馬出一丁目界隈に昭和の終戦直前まで動物園があったと知る人もめっきり減った。

恵比須神社

東公園の亀山上皇銅像

▽千代一丁目

【亀山上皇銅像】　元寇由縁の銅像が東公園に二つある。どちらも今から一〇〇年ほど前の明治三十七（一九〇四）年十一月建立である。亀山上皇像の建設計画はその十年前から始まった。契機は熊本出身の警察署長の悲願と、熱意ある行動である。

その人、湯地丈雄は弘化四（一八四七）年の熊本生まれ、明治十年の西南戦争に三十歳で従軍した。西南戦争後に上京して、板橋警察署勤務当時、安場保和福岡県知事に招かれ、明治十九（一八八六）年、四十歳で福岡警察署長に就任した。彼は元寇古戦場跡にその記念がまったくないのを知り、元寇記念碑建立を思い立った。

明治二十一年に県知事の許可を得て活動を開始したが、署長に在任のままでは十分な活動ができない。そこで職を辞し、事業達成に打ち込んだ覇気の男であった。元寇に関する講演会、「蒙古襲来絵詞」展示会など、その活動は全国行脚十七回に及んだ。そのころ福岡に滞在中のパノラマ画家で著名な矢田一嘯《やたいっしょう》が、講演会を聴講して感激し、無償で十二枚の「蒙古襲来大絵巻」を描き、櫛田神社で一般公開された。縦二・一メートル、横二・七メートルで、現在は靖国神社に収蔵されている。十二枚のうち四枚は、亀山像の隣に鎮座する日蓮銅像台座の周囲に、半肉彫り銅版レリーフで見ることができる。矢田一嘯は神奈川県出身で、渡米後に洋画を学び、帰国後は各地を歴遊し、福岡には度々来ていたようで、そのときに湯地丈雄と出会った。

亀山上皇像の原型は、櫛田神社界隈の出身で木彫界の名手・山崎朝雲《やまざきちょううん》の作である。台座に最初の福岡県知事・有栖川熾仁《ありすがわたるひと》親王の親筆「敵国降伏」が銅版で填められている。山崎朝雲は、上野の西郷隆盛の着流姿立像や皇居前の楠木正成像製作で知られ、高村光雲の弟子である。高村光雲は、『千恵子抄』で知られる高村光太郎の父親であることはご存知の通りである。

有栖川熾仁親王は、幕末の黒田藩札贋造事件で引責した藩主知事に代わる着任であった。徳川家に政略降嫁した和の宮の元許婚《いいなずけ》であった。

台座銅版の物語がある。文永五（一二六八）年、蒙古から最初の国書が朝廷に届く。返書を強要され、朝廷は後嵯峨上皇や亀山上皇らの評定を連日続けたが、返書を拒否する方針となった。翌年九月、三度目の使者が蒙古の文書と高麗王国書を持参し、一旦朝廷は返書も考えた幕府がその返書を握りつぶした。銅版はこれら一連の外交をテーマにする絵物語である。

文永十一年に譲位を受けた亀山上皇は、伊勢神宮に戦勝祈願し外敵退散の祈りを込め、博多大乗寺境内に石を建て祈願した。その石は冷泉町（現・上川端町）の大乗寺跡に「亀山上皇勅願石」として今も残る。冷泉公園に対面し旧冷泉小学校跡を背に、北向き通りに面して建つ。文永の戦後、蒙古軍は博多湾から去るが、台風で全滅したという真偽は別として、上皇はこれは神の加護であったと元軍再来の退散も祈願したという。

高野山の真言僧は上皇の院宣《いんぜん》で、南院の不動明王像を志賀島南部の山中に祀り、外敵退散の五壇の秘法を執行したという。現地に後背の火焔の形が留められているのが、「志賀島の火焔塚」で、不動明王が祀られている。
平成二十年四月十八日（金）の「読売新聞」に、「亀山上皇銅像の原型木像が里帰り」という全面記事が掲載された。あわせて、講演会案内として「亀山銅像建立とその時代の九州大学」という題で、折田悦郎氏（九大教授）、牟田敏雄氏（湯地顕彰会代表）の案内記事があった。「木像里帰り」の記事を一部要約して紹介する。

亀山上皇像

湯地丈雄は銅像原型の木造製作を山崎朝雲に頼んだ。木造原型で銅像を鋳造したのは、佐賀市の谷口鉄工所という。鋳造後の木造は曲折を経て発見され、当時の正力松太郎社主が保存の相談を受け、国立文化財研究所が補修し、読売ランドに保存された。原型木造について東京芸術大学美術学部教育資料編纂室は「壮年期朝雲の力量が発揮されている大作で、明治期の文化財価値が高い」と評した。湯地は、木造は亀山上皇にゆかり深い筥崎宮か伊勢神宮に奉納したいと山崎朝雲にもらしたという。湯地顕彰会の宿願が実り、木造は筥崎宮に寄贈された。銅像は平成十三（二〇〇一）年に福岡県文化財の指定を受けている。

【周辺スケッチ】 東公園の広大な敷地で天に向かって立つ銅像は見るからに大きい。福岡県庁の東側一帯の公園敷地にある。この亀山像の周辺には庭園が築かれ、遠方から眺めると低く綺麗に、こんもりと刈り込まれた樹枝の上に、姿勢を正して祈願する亀山上皇の姿が見える。立像の高さは四・八メートルで、遠くからでも衣冠束帯がみえる。

日蓮上人銅像

▽千代一丁目

【元寇予言の日蓮上人】　東公園にあるもう一つの元寇に関する銅像は、日蓮上人銅像である。建立は明治三十七（一九〇四）年。銅像の規模は日本最大であり、高さ二一メートル余、制作者は東京美術大学教授竹内久一氏である。東公園は場所柄、北に博多湾を遠望し、蒙古襲来の海を睨んで法衣をなびかせ屹立する像には威風がある。台座正面に日蓮の「立正安国」が彫られ、周囲七面に蒙古襲来の重要な場面と日蓮上人の信念的な生涯が銅版半肉彫りで表されている。パノラマ画家矢田一嘯が描いた。現在は靖国神社に収蔵されている元寇絵巻十二枚の絵の、四枚をレリーフとしてここに見ることができる。

元寇物語は、神風神話が横溢する蒙古退散話で語り継がれるが、真偽を越え歴史語りとして今も残る。

日蓮は、承久四（一二二二）年、安房《あわ》の国小湊の寒村・鯛の浦生まれ。生い立ちに別の話もあるが自らは貧しい漁師の子という。日蓮の誕生前、母親は夢で子の誕生を信じ、父も「子を授ける、大切に育てよという白髪老人の夢をみた」という。やがて子が誕生し、善日麿と命名された。

台座に飾られた蒙古襲来のレリーフ（部分）

幼児期から仏教を信仰し、十歳で薬王丸となる。釈迦一人の教えに宗派が多いのは疑問だと十五歳で出家、「是聖坊蓮長」と名乗る。以来諸国を巡り鎌倉念仏宗（浄土宗）と禅宗諸寺、比叡山で天台修行、三井寺、高野山、四天王寺、南都七大寺を歴学し比叡山に戻る。

日蓮上人銅像

二十九歳で理念をまとめ、建長三（一二五一）年、十二年間の修学の結論として、「真実の仏法は法華経」と悟り、法華経のみが末法の世を救う、他は邪宗と激しく批判した。

父が妙日、母は妙蓮と改宗し、彼は両親の一字ずつをとり「日蓮」と号した。当時多くの災害、疾病が流行した。原因は「邪宗信奉にある」という信念から文応元（一二六〇）年に、「守護国家論」、翌年「災害対治鈔」を書き、鎌倉に戻り「立正安国論」を完成し前執権・北条時頼に提出した。「法華経流布以外に救う道なく他宗は邪宗なり」という主義に、他宗徒の激しい反発が始まる。日蓮は再び鎌倉で激しい辻説法を展開したが、それが因となり伊豆へ流罪となる。二年後に赦免されたが天に異変（大彗星群）が現れ人々は恐怖した。日蓮は「これは外国が侵攻して来る前徴」と断じ、文永五（一二六八）年に蒙古の使者が来たことから、日蓮の予言が的中した。

幕府に対し意見書「安国論御勘由来」（蒙古侵攻の気配は、八年前の立正安国論で予言した通りだと主張）を提出し、今の危機を救えるのは日蓮我一人と主張した。日蓮は他宗の諫言で再び幕府に捕われ佐渡島へ流罪になるが、文永十一年、赦免され鎌倉に戻った。

幕府の評定所で「蒙古襲来の時期」の下問に対して、「時期は不詳だが必ず来襲あり」と主張、「立正安国論」の採択を主張したが聞き入れられず身延山に籠った。身延山で一つの教団に発展したその年の十月、十四年来の予言どおり蒙古が襲来した。二度目の元寇襲来の翌年・弘安五年九月、九年間の身延山布教から温泉療養に向かう途中、容態が悪化し遠近から駆けつけた門弟に看取られ、法華経を唱えつつ六十年の生涯を閉じたという。

東郷平八郎の胸像

【周辺スケッチ】日蓮上人像は、福岡県庁の東側一帯の公園敷地にある。銅像周辺は、多くの参拝信者のためのお札所や礼拝堂などがある。近年、県庁舎に対面して、雄大な山門が完成し、奥に日蓮像が聳え立つ一幅の風景が現れた。銅像前の広場では鳩に餌をまく人も多く、線香も立ち込め一面は煙っている。外敵に立ち向かった日蓮の故事に由来してか、日露戦争の国難に立ち向かった連合艦隊司令長官・東郷平八郎元帥の胸像が、境内の一隅にある。意外な感じもするが、かつての時代を反映した胸像であろう。

濡衣塚

▽千代三丁目

【濡衣と博多七堂由来】奈良時代（八世紀）のお話。博多守護職を命じられた佐野近世《さのちかよ》は、病身の妻と、十六歳の春姫を連れて博多に着任した。病身の妻は間もなく病死し、以来春姫は泣き暮らすばかりで、近世は春姫を心配して後妻を迎えた。ところが器量自慢の後妻は、娘の美貌に嫉妬し、夫の気持ちを独占しようと、娘を亡き者にしようと企んだ。

普段から顔見知りの志賀《しか》の漁師と一計を案じ、釣衣《つりぎぬ》を買い求め、漁師に「釣衣を盗まれた」と訴えよと言い含め、人知れず春姫の部屋に隠し置いた。漁師の訴えは気にも留めなかった近世は、ある日後妻に話をもらした。すると妻は「似た釣衣を見たことがある」という。春姫の部屋に案内させると、すでに寝入った春姫の布団に釣衣が掛けてあった。寝入った春姫の布団に後妻が重ねた企みだった。

そうとも知らず、釣衣を見た近世は激怒し、姫を一刀のもとに斬った。

やがて一周忌の夜、近世の夢枕に涙を流した春姫が立ち、歌を残して消えた。

　ぬぎ着する　そのたばかりの　濡れ衣は
　　永きなき名の　ためしなりけり

濡れ衣の　袖より伝う　涙こそ
　　無き名を流す
　　ためしなりけり

濡衣塚

　夢に出て無実を訴えるとはただごとではない、と近世は妻を厳しく糾弾すれば、夢枕の娘の訴えが真実だとわかる。

　自分の非を悟った近世は、即刻、妻を離縁し守護職も辞し、松浦山（鏡山と思われる）に登り出家して松浦上人となった。その後、諸国を巡り修行を重ねた後、博多に戻り七つの堂を建立し、終生、七堂を巡り春姫の菩提を弔ったという。

　無実の罪に落とされることを「濡れ衣を着せられる」と言うのはこれが始まりという。

　近世が建てた七堂は、石堂、萱堂《かやどう》、脇堂、普賢堂《ふげんどう》、奥の堂、辻の堂、瓦堂《かわらどう》で、以後博多の地名となり、奥の堂は今もバス停の名で残るが、ほかは昔語り伝説の、由来町名となった。

【周辺スケッチ】千鳥橋横の国道3号を南下すると、四つ目の橋、石堂橋の東岸参道の石碑が濡衣塚である。
　国道左沿いは、松源寺から石堂地蔵堂の裏手へと続く。千代町から明治通りを北にそれて斜めに行くと、国道3号線に出る路地がある。昔の唐津街道筋・水茶屋通りである。この旧街道筋から、3号線を斜断し石堂橋を西へ渡れば、旧官内町で、その昔は寺が軒を接して並んだ旧道である。石堂橋の欄干には鈍い緑錆色の提灯《ちょうちん》飾り（山笠各流れ町名入り）が並んでいる。この旧道筋は西突き当たりの博多リバレインで行き止まる。

石堂丸物語

▽千代三丁目

【石堂地蔵】　これは、博多守護職加藤繁昌《しげまさ》とその息子の加藤《かとう》左衛門尉《ざえもんのじょう》繁氏《しげうじ》（幼名・石堂丸）、さらにその繁氏の子、二代目石堂丸の三人の物語である。舞台は香椎宮、石堂川畔、大宰府苅萱《かるかや》の関《せき》（現・関谷）から、比叡山、高野山、信州善光寺と廻る。ともに幼名・石堂丸父子が仏道の縁で再会し、善光寺にある往生寺までの物語である。

　繁昌は四十歳まで子宝に恵まれず、香椎宮に願掛けをした。すると夢枕に白髪の老人が現れ、石堂川地蔵が手に持つ温石《おんじゃく》を妻に抱かせよと言う。その通りにすると、十カ月後に男児が誕生し、石堂川地蔵にあやかり石堂丸と命名した。子は八歳で宝満山《ほうまんざん》僧房で外典を学び、やがて繁昌の後の守護職を継ぎ、加藤左衛門尉繁氏となり妻を迎えた。しかし、繁氏はある春の宵、俄《にわ》かに世の無常を感じ守護職を辞して出家、比叡山で苅萱《かるかや》道心となった。繁氏が出家出奔後、妻は男子を出産し、行方知れずの父・繁氏の幼名をとり、石堂丸と名づけ、二人で父探しの旅に出た。しかし道中で母は死に、石堂丸は父・繁氏とようやく再会を果たしたが、互いに名乗ることなく信州の寺で共に修行を重ねた。信州往生寺の由緒である。

夏越祭に飾られる石堂丸物語の大絵詞

　かつて訪ねた往生寺には、与謝野晶子が詠んだ歌碑が建っていた。

　さて、石堂丸地蔵は、高層住宅の足元にある小さな地蔵堂で、平素は目立たぬ小堂だが、毎年、夏越祭《なごしまつり》（八月二十四日）には、雨天でなければ、石堂丸物語の「香椎宮での願掛け」と「石堂丸誕生」を描いた大きな絵巻が堂の傍らに架設され、地蔵堂の戸も開き、僧の読経に周辺の人々がお参りする慣わしが続いている。石堂丸由来の解説板もある。

【周辺スケッチ】かつて市電が千代町から石城町、天神へ走っていたころ、千鳥橋交差点に「新博多」という宮地岳線接続電車の発着駅があった。今は旧駅横を国道3号が走り、その西に川幅数十メートルの御笠川（旧・石堂川）を渡る石堂橋がある。千鳥橋交差点から二つ目が恵比須橋、三つ目が石堂大橋、四つ目が石堂橋、五つ目が東大橋である。これらは御笠川を東から博多部に渡る橋である。千鳥橋から国道を南下、三つ目の石堂大橋そばに駐車場と太鼓店がある。この太鼓店の裏にある小さな祠が石堂丸地蔵堂である。

石堂地蔵尊祠

松源寺

▽千代三丁目

【濡衣山伝承】松源寺《しょうげんじ》は濡衣山《ぬれぎぬやま》を山号とする浄土真宗の寺である。開基は了清《りょうせい》と伝わり、摂津茨木の伝照寺開基である勝光房西順一門の一人である。元和年間（一六一五―一六二四年）、了清が九州巡歴をしたときに草庵を得たのが寺の起こりという。現在の本堂は明治十一（一八七八）年に崇福寺仏殿（千代）を移築したもので、本堂外壁の木組、細工に特異な建築様式の粋が見られる。本堂内の極彩色の格子天井もみごとという。

後ろ足をはね上げた獅子瓦

　寛政のころ、この近くで若者五人が無実の

罪で処刑されたという伝承があることから、別名濡衣山とも伝わり、寺にこの「寛政義民五人衆」の過去帳が残っている。

ときは寛政十（一七九八）年晩秋、博多竪《たて》町《ちょう》裏で芝居興業があった。芝居好きの博多人で賑わうなか、一人の黒田藩士が酔狂で婦女子をからかい、止めに入った五人の若者に抜刀した。逃げ惑う群集のなかで、若者たちは遂に藩士を取り押さえ、石堂川（御笠川）に投げ込んだ。

その後、役人詮議で若者五人の差し出し令が出る。当事者を差し出さねば一帯を焼き討ちにすると脅されても、恐れて名乗る者はなかった。すると、焼き討ちを案じ十五歳から三十歳の若者五人が、町人を焼き討ちから救おうと身代りに名乗り出て、処刑されたという。無理難題がまかり通った、僅か二〇〇年ほど昔の話である。

松源寺切妻の装飾

【周辺スケッチ】 国道3号線から真西に通る「昭和通り」は戦後に開通したが、博多区の東入口になる。余談だが、松源寺の楼門屋根瓦に奇妙な獅子瓦がある。楼門に立つ小ぶりな獅子像が、屋根瓦の四隅で後足を跳ね上げている。それこそ逆立ちポーズである。ある日、寺を訪ねてこの獅子について聞いてみた。応接の言葉は簡単明瞭で、「エー、別に何の意味もございません」と笑顔で返され、二の句が出なかった。どう見ても無意味に見えない獅子のポーズが珍しく、気になっている。

水茶屋由緒地

▽千代三丁目

【水茶屋券番と馬賊芸者】　千代三丁目の千代交差点付近はかつては筑紫郡千代村字水茶屋といった。東へ向かう箱崎道（唐津街道筋）と現在の篠栗《ささぐり》（糟屋郡）へ通じる金出村への道（金出道）の分岐道にあたる。昭和三（一九二八）年に福岡市に編入された。

元文五（一七四〇）年、旧石堂川畔濡衣塚そばに水茶屋（料亭）が誕生し、後に柳町遊郭（旧・大浜町）に対して「新茶屋」と呼ばれ、いつしか、料亭十軒に民家一〇〇戸を超す町となり、茶屋名が町名となった。

当時、水茶屋では、料亭・福屋の芸妓金時《きんとき》が有名であった。明治二十三（一九八〇）年、奥の堂の造り酒屋の主人の力で芸妓を辞め、西中洲に住んだ。琵琶を橘智定に習い、胡弓なども弾き、その才能に人々は驚いたという。

明治三十四年、かねてから券番の取締りに不満があった相生《あいおい》券番の一部の芸者が、芝居見物を禁止されたことをきっかけに脱退、置屋二十軒と券番事務所を新たに設けて、水茶屋券番を開業した。少人数精鋭主義で芸にも精通し、名取も多い芸者連だったという。

明治末期にはその気《き》っ風《ぷ》の良さから、仇名「馬賊芸者」の名がついて、客に対する伝法《でんぽう》な口調の横柄さが人気となった。博多弁が横柄に聞こえるのは仕方がない話だが、心根は口調とは別物である。

「馬賊芸者」の名は、小田部博美が、「福岡毎朝新聞」に連載した「春宵水券夜話」が、戦後、「福岡日日新聞」の夕刊に紹介され、それが火野葦平の小説「馬賊芸者」の素材になったという。そのなかで馬賊芸者の一面が援用され語られていたこ

旧水茶屋通り

とにはじまる。

水茶屋券番は昭和二十年に解散したが、昭和二十四年に「株式会社水茶屋券番」で再興されたが、今はない。水茶屋の文字がある古い看板が旧道筋に残っていた。昔の水茶屋通りを偲ばせる。貴重な路地筋かもしれないが、やがて古い格子窓の家も看板も撤去され、名残も消えるだろう。

【周辺スケッチ】 千代町交差点から西の呉服町に向かい、少し先で大通りから右斜めに入る路地がある。道を突きぬけた先が国道3号線である。その手前の短い路地筋が水茶屋通りの旧道である。

崇福禅寺

▽千代四丁目

【黒田家菩提寺と旭日地蔵】 崇福寺は、仁治元（一二四〇）年、大宰府横岳に随乗坊湛慧《ずいじょうぼうたんね》が建立し、宋から帰国した聖一国師が開山説法を行い、その甥の大応国師が禅寺として開山した。横岳禅寺は天正十四（一五八六）年の、島津軍岩屋城攻撃の戦火でほぼ焼失した。京都大徳寺の春屋《しゅんおく》の懇請《こんじょう》で、慶長五（一六〇〇）年、黒田長政が現在地に移設再建し、黒田家の菩提寺とした。寺宝に、黒田孝高《よしたか》・長政肖像（絹本著色）、紙本墨絵出山釈迦像などがある。大宰府横岳には禅勝院だけが残っている。

開祖の大応国師は、住持として三十三年間ここで禅の普及に努めた後、朝廷に招かれ京に上り、五年後に幕府に呼ばれて鎌倉に行き、建長寺第十二世住持となる。墓は崇福寺別院（太宰府市）にある。

境内の墓所右奥に藤水門で仕切られた黒田藩主一族

の特別な墓地がある。普段その門は施錠され、自由な立ち入りはできない。境内左手奥が一般墓地で、その一隅に藩主以外の黒田家累代墓、玄洋社関係者、女傑・高場乱《おさむ》、九大病院の創始者大森治豊博士ら、多士済々の墓碑が並ぶ。

境内脇の旭日地蔵堂には随乗坊湛慧由縁の話がある。ある正月、村人に捕らわれ「鬼すべ」の鬼の的にされた随乗坊湛慧は、ひどい目に遭わされたことを思いつめ、横穴を掘って隠棲し、寝食を忘れ鉦《かね》を叩き読経を続けた。村人がふと鉦の音がしないのに気づき穴を覗いてみると、湛慧は座位のまま息絶えていたという。

境内脇にある旭日地蔵堂

村人達はその場に丁重に埋葬し石塔を建てて弔い、やがて地蔵を祀り旭日地蔵堂となった。崇福寺が現在地に移ったとき、地蔵も一緒に新崇福寺境内に移して祀られた。

博多一円の人々から「お地蔵さん」と親しまれ、朝夕にお堂前の石畳を素足で願掛け参りをする人は今も絶えない。百本の細紐を握りしめ堂前に一本ずつ供え置き、手元が空になるまで続けるお百度参りの風景である。

【周辺スケッチ】 千代町交差点から一〇〇メートル北へ行き、右折する。旧唐津街道筋に入って馬出に向かう。三〇〇メートル先が門前になる。

左手の家並みが切れた路地奥に、壮大な山門が現れる。楼門は黒田藩福岡城表御門を移設したものである。楼門内正面奥には、名島城から移設した唐門がある。

墓地の小道には昔ながらの井戸ポンプが残る。昔、

崇福寺門

このあたりから湧き出た「松原水」の名残りを偲ばせる。

　崇福寺門前には饅頭や蠟燭を並べる小店が、派手な呼び込みもなく参拝者の往来を見守っている。

崇福寺黒田家墓所

▽千代四丁目

【如水と長政の墓所】　黒田藩主の墓所は「西都法窟勅賜萬年崇福寺禅寺」境内の特別な一郭にある。専門家の解説によると、墓所は昭和二十五（一九五〇）年に土地整理が行われ、旧墓所面積の一六パーセント程に縮小され現在の広さになったという。かつてはその六倍の広さがあったらしい。

　黒田家の墓所は平成八年に福岡市文化財保護指定となり、藤香会奉賛会などが整地し、墓所門に藤香会が発起した「藤水門」が新設された。それ以来、良好な管理が行われている。黒田墓所藤水門内には、奉賛会役員に引率されて入ることができた。

　箱崎馬出《はこざきまいだし》通りの「崇福寺表御門」を入ると、正面左に古い遺構門がある。旧名島城から移設された「唐門」である。

　奥の黒田墓所藤水門は通常施錠され、傍に藤香会奉賛会役員名板がある。藤水門の木戸口を入り、足元から順次視線を延ばす。墓域は南北に長さ一二〇―一三〇メートル、東西幅三〇メートル程の矩形で、北側の塀向こうは九大病院敷地である。藤水門を入った眼前に、巨大な墓碑の笠石が地面に伏す格好で横たわる。主が知れない墓碑の笠石という。

墓所中央部に黒田如水の墓碑がある。高さ二七八センチ、径九四センチ、基壇は六角形である。北隣に黒田長政墓碑も建つ。両藩主公墓の手前に金子堅太郎・團琢磨・栗野慎一郎の三名が、大正十一（一九二二）年の「長政公三〇〇年遠忌」に三名連署で奉献したという灯籠がある。彼らは若き日、十一代藩主黒田長溥命で黒田家給費生として米国留学をしたが、その恩義に対する謝恩として奉献したという。

黒田墓所藤水門

黒田藩主の墓。塀の向こうに九州大学病院棟が見える

高さ一九六センチの灯籠の裏刻字の奉献者名を判読したのは、斯道専門家の貴重な研究成果だと知った。

【周辺スケッチ】九大附属病院に隣接する。九大病院前の馬出通りを千代町へ向かう途中の右手に、崇福寺山門がある。境内藤水門のなかが藩主墓所である。藩主墓以外の黒田家

崇福寺には大森治豊の墓碑もある

累代墓碑は藤水門外の境内一般墓所にあり、その左奥には玄洋社墓碑がある。墓碑配置は墓所入り口前のパネルで確かめられる。

藤水門内には特別の許可で入ったが、黒田藩祖への関心も少なくないことから、史跡啓蒙として、市民が気楽に見学できないかという気もする。問題が多い時代だけに、たしかに不安もあるが……。ほかの都市に比べたら、もう少し胸襟を開いてもよい気がする。

大浜流灌頂

▽大博町

【水難者の慰霊】　宝暦六（一七五六）年、暴風雨による難破船水死者が博多湾に多数漂着し、人々はこの霊を弔うため、飢饉餓死者供養塔の傍らに別に慰霊供養塔を建てた。

大浜に建つ供養塔のそもそもの起こりは、お産で亡くなった婦人の塔婆を建て、通行人がそれに水かけをする風習がはじめという。塔婆の文字が消えるまで続けたが、やがてこの旧・竪町浜《たてちょうはま》の沖で水難者が出る度にも供養が行われ、そのうち東長寺の僧が知足庵を結んで、水難者の施餓鬼供養をするようになった。

施餓鬼供養は、餓鬼道に堕ちた者や無縁仏のための供養をいい、その昔、供養最後の夜は沖の船で杉や檜の薄板経木に経文を書き、読経し海に流す儀式があった。元来の「灌頂《かんじょう》」とは、真言宗の仏門に入るときや修道者の地位があがるとき、香水を頭に注ぐ儀式であ

流潅頂では東長寺の僧侶が読経をあげる

ったという。

千鳥橋から西の石城町へ向う左手に大小二つの石碑が低い潅木《かんぼく》の脇に立っている。大きい方は享保大飢饉餓死者の慰霊石碑といい、小さい方が水難者の慰霊碑である。

旧大浜地区は毎年八月二十三日から三日間、町の通りで流潅頂《ながれかんじょう》行事を行う。空き地に祭壇を設け、夜七時半から東長寺の僧が供養読経を供える。通りには夜店がならび、武者絵が街路の闇に高張りされる。武者絵の幾つかは大浜公民館にも期間中展示される。博多最後の武者絵師・海老崎雪渓の作品で、福岡県有形民俗文化財である。雪渓は博多古渓町生まれで、芥屋《けや》町、土居《どい》町、上対馬小路《かみつましょうじ》で活躍し、昭和十六（一九四一）年九大病院で亡くなった。

大浜流潅頂の当日は、博多の他の町角でもさまざまに趣向を凝らした供養が行われる。毎年八月二十四日の夕方、千代の石堂地蔵尊夏越祭、観世音寺施餓鬼供養、そして中洲川端の飢人地蔵堂供養は、郷土史探訪愛好家の定番ルートである。

中洲川端の供養では、飴湯の振舞いや花火の打ち上げで賑う。営々と続く町の慰霊行事で

流潅頂碑

賑わう夜店の上に大きな武者絵が展示される

ある。

【周辺スケッチ】　国道3号線千鳥橋交差点を西に渡ると築港口バス停がある。大博町（旧・大浜町）である。バス停から少し西へ歩くと、左路地角の灌木の傍に、大小の黒ずんだ石塔がある。流灌頂の伝承を今に伝える灌頂通の目印の石碑である。行事のない日に千鳥橋付近から漫然と灌頂通入口を探すのは、多少困難だろう。夏の夜店で賑わう雰囲気は少しもなく、静かな通りで分かりにくい。流灌頂の由来から見ると、大昔はこの辺りが海岸浜で、水難者を弔った場所になるようだ。今では右方向に大相撲九州場所が行われる国際センターがある。

吉實塚

▽吉塚二丁目

【吉塚地名の由来】　秀吉が九州を平定する以前の北部・中部九州一円は、覇権を争う武将達の角逐連衡《かくちくれんこう》が激しかった。筑後川周辺を越えて来る軍勢、筑後一帯に勢力を持つ者、大宰府から北部沿岸を統べる武将、そして関門周辺から覇権を窺う勢力と、切れ目なく互いの争いが続いた。その戦乱戦跡である。

島津の九州制覇に向けた北上のとき、筑後星野城主星野吉實《よしざね》は、大宰府四王寺山の岩屋城主・高橋紹運《じょううん》を攻めた。

立花山城主・戸次道雪《べつきどうせつ》の娘婿で岩屋城主の実子、後の柳川藩主・立花宗茂は、父親が岩屋城で将兵全滅の悲運に遭った弔い合戦を挑んだ。予想より早く秀吉が進出する気配に、不利を察知した薩摩軍は形勢を見限り、天拝山周辺から撤退する。このため、岩屋城を攻略した星野吉實は、近くの若杉・高鳥居《たかとりい》城（現・篠栗町）で、薩摩撤退後の孤塁を死守する憂き目に遭う。高橋紹運の仇討報復に燃える豊臣勢の立花宗茂に激しく攻められ、星野兄弟は天正十四（一五八六）年、自刃して果てた。当時の兄弟塚は千代の松原（現・吉塚を含む）にあったが、立花宗茂は武将の尊崇とし首を丁重に葬り、名づけて吉實塚と呼び、やがて付近一円が「吉塚《よしづか》」と呼ばれるようになる。元禄年間（一六八八―一七〇四）頃、供養に建った吉塚地蔵は今なお健在である。

吉塚地蔵堂

かつてこの吉塚あたりは、香椎から箱崎浜にかけ博多湾が入り込む海岸浜の湿地帯であり、南は薩摩から、北は周防までの戦国武将とその輩将たちが、数知れず往来し、戦禍の跡が幾重にも残る。戦乱は元寇から以後の時代も際限なく繰り返され、秀吉の博多復興まで多くの史跡が周辺に残る。

【周辺スケッチ】 吉塚は、東区馬出《まいだし》一―六丁目に隣接し、東公園・福岡県庁・JR吉塚駅の一円である。吉塚を通る県道607号は、国道3号から博多区千代町で分岐し東の篠栗町や飯塚方面に向かう国道201号線となり、第二の幹線道、飯塚・田川線である。

吉塚碑

吉備津宮由来

▽東光寺町一丁目

【東光寺産土神由来記】　比恵環溝住居跡の探訪途中に出合った神社である。「東光寺」の名の由来記に出合った。いささか神社は荒れ気味だが、好奇心から門前の由来記に目を止めた。三〇〇年ほど昔、このあたりは茫々たる地が南に広がる平野で、弥生遺跡はこのあたりから南の方へ広がっていた。門前傍らに立つその由来記全文を紹介する。

『大字東光寺産土神由来記』

吉備津宮《きびつみや》　祭神・吉備津彦命

第十代崇神天皇の時、彦五十挟芹彦命《ひこいなぜりひこのみこと》は四道将軍の一人西道《にしみち》将軍となり、弟稚武彦命《わかたけひこのみこと》とともに吉備の国に住む豪族温羅《うら》の反乱を平定して後、吉備の国造《くにのみやつこ》となり、吉備の国に住んだところから吉備津彦命と言ったといいます。吉備津神社は備前の国に本社《ほんやしろ》がありますが、九州には筑前東光寺に吉備津宮があるだけです。福岡県神社誌によりますと、寛文元（一六六一）年黒田三代藩主光之の家臣、宮内政盛が勧請したとあります。宮内政盛は侍のうち一〇〇石以上の地行取りで、たまたま東光寺を領有し、郷里備前の産土神吉備津神社を勧請したと考えられます。吉備津彦命と温羅の合戦は、桃太郎の猿蟹合戦の原型と伝えられています。子孫は、代々吉備臣《きびおみ》を称し、その末裔には大宰大弐と怡土城を築き、のち右大臣まで進んだ吉備真備《きびのまきび》があり、また鎌倉時代の初頭、博多聖福寺を開いた禅僧栄西があります。東光寺の地名の由来ははっきりしませんが、吉備津宮の神宮寺であったであろう來光寺からの地名であるかもわかりません。因みに、拝殿前上の扁額裏書に、天明丙午（天明六年、一七八六）六月加藤虞山一純の銘があります。

【周辺スケッチ】　博多駅南から385号を南下する。比恵環溝住居跡から五〇〇メートルほど南東方向に東光寺は位置する。竹下アサヒビール・剣塚古墳跡がある竹下三丁目の真東が東光寺一丁目になり、そこに吉備津神社はある。吉備津宮から南へ三百メートルあたりに那珂八幡宮がある。探訪途中で発掘中の新たな現場を見たが、やがて新しい発掘現場として歴史に登場することになるのだろうか。

吉備津神社門

福岡平野で最大級の古墳

▽竹下町三丁目

【東光寺剣塚古墳と探訪余得】　日本最大規模の前方後円墳としては、仁徳天皇陵（堺市）が知られ、応神天皇陵も巨大古墳の代表格である。古墳時代は四―六世紀といわれており、出土する埴輪は、当初は権力者と一緒に埋葬した人間や動物、道具の身代わり品とされ、埋葬物は権力者の力の象徴だったという。

この東光寺剣塚古墳は、別名で観音山古墳と呼ぶ。貝原益軒の『筑前国続風土記』に記述がある。昭和六十三―六十四年に、福岡市教育委員会が発掘調査をした。那珂川右岸一〇メートルの台地上に

剣塚古墳出入り口

古墳のなかの祭壇

築かれた福岡平野最大級の前方後円墳という。墳丘は長さ七五メートル、後円部直径四六メートル、くびれ部の幅三八メートル、前方部幅五九メートル、高さは前方・後方ともに同じ五・五メートルある。周溝は三重に巡り全体長は、内側九二メートル、中一一四メートル、外は一三六メートルあるという。

現在では一番内側に溝の名残りがある。二重周堤部分の南東側に「造出し」があり、人物・馬などの形象埴輪が立てられていたという。後円部南側には遺体を埋葬した複室横穴式石室があり、後室には石屋形と呼ばれる石棺が置かれ、石室から副葬品の刀・勾玉などが出土した。古墳築造は、六世紀中頃といわれる。古墳奥室は四・五メートル、幅約三メートル、中央部高さ約二・一メートルで、安置仏像は、正面に「准胝《じゅんてい》観世音菩薩」、右手に「地蔵尊菩薩」、左に「不動明王」が立つ。准胝とは、密教では防災や延命などを祈願する修法をいうそうだ。

また北側に位置する「剣塚北古墳」は昭和六十三年に発見された前方後円墳だが、現在の変電所と東光寺剣塚の間にあって、墳丘の大きさは長さ三〇メートル、後円部直径二四メートルと推計された。周濠から人物や朝顔の埴輪なども出土している。古墳築造は五世紀末から六世紀前葉といい、東光寺剣塚より少し古いとされる。北古墳は東光寺古墳に隣接したはずだが、墳丘はすべて削られ痕跡もなく、唯一説明板で位置確認ができるだけという。

東光寺古墳は平成三（一九九一）年にアサヒビールが六千万円を費やし、古墳整備をして見学者の便を図っている。

【周辺スケッチ】 東の御笠川、西の那珂川の間、一キロ余幅のほぼ中央に古墳が位置する。古墳を抱き込む形でビール工場があり、工場のトラック配送口が遺跡口でもある。古墳の北東側は御笠川に近く東光寺町で、「東光」という字義に「入り江」の意もあるという。ここから北へ一キロほどの位置に「比恵遺跡」がある。

この古墳を集団で探訪する時は、事前にアサヒビール工場に遺跡見学を申し込む。遺跡見学のあとに工場見学を兼ねたコースが至福の勉強会となる。番外の喉を潤すコースで嬉しい人も多い。暑い初夏から初秋にかけこの遺跡を訪れると、古墳で藪蚊に血を抜かれた献血代償に、ビールの輸血お返しがある。随分不謹慎な言い草だが、楽しい勉強会になること請け合いである。ビアガーデン直行の場合と違った楽しさを味わい、下戸の人にも清涼飲料が用意され、すばらしい古墳探訪の名所である。

剣塚古墳の整備をしたアサヒビールの工場が隣接。探訪後はできたてのビールが楽しめる

那珂八幡宮と古墳

▽那珂一丁目

【福岡平野最古の古墳】福岡平野で最古の前方後円墳で、全長七五メートル、後円径は五〇メートル、周溝

那珂八幡宮鳥居

幅一二―二〇メートルもあるという。円筒、朝顔、家形などの埴輪が発掘されたが、主体部は丘陵上部の八幡宮社殿の地下にあるため、発掘調査ができていない。

前方後円墳の築造は大和朝廷の天皇家から始まり、朝廷と連携する付近の首長が死んだ時、後継者が朝廷の承認を得て築造し埋葬したらしい。

那珂古墳は四世紀なかほどの初めとされ、その後は妙方寺二号墳（那珂川町）、須玖《すく》御陵《ごりょう》古墳（春日市）、安徳大塚《あんとくおおつか》古墳（那珂川町）、卯内尺《うないじゃく》古墳（南区）、老《ろう》司《じ》古墳（南区）、観音堂古墳（那珂川町）と続き、四世紀末の博多一号墳へと続いていくという。

【周辺スケッチ】　竹下剣塚古墳の南東四〇〇メートルあたりにある。北東の御笠川と、南西の那珂川に挟まれる中間丘陵部に位置する。北方に「比恵遺跡」があり六〇〇メートル南東に「剣塚古墳」、さらに四〇〇メートル南東に「那珂古墳」となる。ここから東南東の板付二丁目に板付遺跡と「弥生館」がある。

板付遺跡

▽板付二丁目

【雀居遺跡と那珂二重環濠】　遺跡地には竪穴住居を復元した掘建風の小屋や、板付遺跡を詳しく紹介した展示館「弥生館」がある。

板付遺跡は、日本に稲作が渡来した水田跡地という。日本最古の稲作地帯は、玄界灘沿岸では早良平野の拾六町ツイジ、有田七田前、糸島平野曲り田、唐津平野菜畑《なばたけ》、遠賀川下流域があり、これらの遺跡はすべて同時期のものという。

板付の稲作は御笠川、諸岡川沿いの上・下の流域で急速に広まり、河川傍の低湿地に水田を拓き、川に堰を設け貯水の水路をつくり、水の引き入れ排水をして土地を守った。周辺の高台に竪穴住居を建てて生活した。板付遺跡からは、竪穴住居や縄文時代の土器など様々な石器が発掘されている。

縄文時代末期の稲作渡来の頃、板付遺跡周辺には那

板付遺跡入口

珂・那珂深ヲサ、比恵、瑞穂、高畑、諸岡、雀居《ささい》地区まで居住域が広がっていた。他にも立花寺《りゅうげじ》・堤ケ浦・堅粕・吉塚本町・麦野などで生活遺跡が見つかり、縄文土器や石器も発見されている。

　これまで、板付空港周辺の水田の広がりは、中部・南部にかけて、弥生時代前期の半ばから終わり頃と思われていたが、平成五年三月に行われた雀居地区（空港西南部）発掘調査によって、縄文時代終末期にはすでに稲作が始まっていたと分かった。

　遺跡から縄文終末期の木製農具である平鍬《ひらくわ》・鋤《すき》・諸手鍬《もろてくわ》などの柄が完全な形で発掘され、日本最古のものと判明した。脱穀用杵《きね》の発見は、長崎県田平町に次ぎ二件目という。縄文期の水田耕作の基本農具が、一式セットで発掘されたのも日本初で、従来の「稲作は縄文終期に始まり、弥生時代に定着した」という説を覆し「縄文時代終末期に定着した」とし、その証明となる画期的な発見となった。

　雀居遺跡は弥生時代の遺跡としても優れた遺構があり、現在の板付空港敷地の下には、稲作開始から弥生時代、それ以後の水田や集落大遺跡など、未発見の遺跡が多く眠る場所に違いないと思われる。果たしてどうだろうか……。

　板付遺跡の二重環濠集落は日本最古といわれたが、平成四年八月に那珂遺跡群で、縄文時代終末期の二重環濠が発見され、板付よりさらに五十年古い、日本最古の二重環濠と認知された。何千年も昔の遺跡の、僅か五十年だけの差を証明できる根拠は、学問上の話と割り切るほかはない。

　外濠幅五メートル、深さ二メートルのV字谷型で、推定直径一六〇メートル。内濠は幅二メートル、深さ一メートルの逆台形で推定直径一四〇メートルという。集落面積は旧平和台野球場より広く、一五四〇〇平方メートルと推定される。二〇〇人ほどが住み、環濠の様子からこの時期に既に村の存在があり、カシラを中心とする組織的な生産活動・村の防御なども行われたと推測される。

縄文時代末期に、板付周辺で定着して広まった稲作は、弥生時代に板付・比恵・諸岡・雀居などへ拠点的農耕集落を広げ、春住・三筑・空港東部に分村ができただろうといわれている。

復元された集落の様子

住居内部

拠点的集落や金隈大集団墓が生まれ、弥生時代の爛熟へ時代は進んだと考えられる。

この板付遺跡の発見は昭和二十五年一月である。縄文時代最後の土器と弥生時代最初の土器が同時出土する場所を探索していた、一人の青年の発見によるものである。これを契機に弥生時代の稲作が証明され、発掘調査は日本考古学協会、明治大学、福岡市教育委員会に引き継がれて行われた。

【周辺スケッチ】 遺跡は、御笠川と諸岡川の合流点南の低湿地（西部）と、低丘陵地（東部）にある。地図で見ると県道112号線・板付五丁目信号（交差点）から西へ三〇〇メートル入ったあたりになる。

国指定・弥生遺跡

▽金隈一丁目

「甕棺展示館」では発掘当時の様子が再現されている

【金隈遺跡】　福岡地区の考古時代を概括してみる。縄文時代末期に、板付周辺から南北へ伝播した稲作はさらに南へ広がり、弥生前期頃から水田農耕に新たな可耕地を広げたといわれ、農耕集落を生んだ。多くの人集団が生まれ、福岡平野全体が政治的・経済的に統一され、「奴国」となる。弥生中期に、現在の堅粕・吉塚一帯の平地や空港周辺に水田が広がり、次いで東の席田《むしろだ》、月隈丘陵、北部は現在の御供所町・祇園町から博多駅前に集落ができた（博多遺跡群）。それに伴い御供所から萬行寺あたりに甕棺墓の集団墓が集中出現したという。

金隈《かねのくま》遺跡は、弥生前期半ばから弥生後期前半に及ぶ約四〇〇年間使用された「集団墓地」跡という。土壙《どこう》墓《ぼ》一一九基、甕棺墓三四八基、石棺墓二基のほか、人骨一三六体が発見された。弥生中期の甕棺墓が多く、成人より子供の人骨が多いことから、幼児の死亡率の高さが目立つという。成人の人骨を分析すると、弥生人は、面長で身長も男一六三センチ弱、女一五一センチ程度という。

埋葬副葬品として、九州南端から遥かに遠いオーストラリア海域で産出する南海産の「ゴホウラ貝」の腕輪や、石剣・石鎌・玉類も発掘された。

昭和四十三（一九六八）年、丘陵を桃畑に開墾中に、一帯から甕棺墓が発見され調査が始まり、十四年間の調査結果から貴重な遺跡地と断定された。昭和四十七年に国の史跡に指定され、史跡公園として整備計画が進んだ。昭和六十年に埋葬状態を再現展示するため、平屋建て三七三平方メートルの甕棺展示館が完成した。

周辺は遊歩道が巡る丘陵公園で「弥生の森」と呼ぶ。夏に探訪すると藪蚊の歓迎を受けるから、蚊に弱い人は長袖シャツが良い。体験上、あまりに痒いと落ち着かず探訪どころではない。

【周辺スケッチ】 国道3号線立花寺《りゅうげじ》北交差点から「立花寺東」に向かう。福岡空港前から通じる旧道を右折し、南へ一キロで、バス停「金隈遺跡前」、そこから山手に向い団地のそばを数百メートル歩くと、金隈遺跡「弥生の森」に至る。西鉄大牟田線「雑餉隈《ざつしょのくま》」駅からのコースなら、博多区麦野六丁目、東雲《しののめ》町から大野城市山田の「御笠《みかさ》の森」横を通過するコースがある。このコースは、新しい道路が国道3号線からつづく。3号線を横断し、空港前に通じる旧道に出る。北へ向えば「弥生の森」入口に着く。付近に「御笠の森」や「今里古墳」史跡もあり、ひとまとめの探訪も可能である。

保存古墳と樹林の前途

▽金隈三丁目

【今里不動古墳と御笠の森】 金隈《かねのくま》遺跡を基点にして「今里不動古墳」（金隈三丁目）と「御笠の森」（大野城市山田二丁目）を順に訪ねる。現地の紹介パネルを参照し紹介する。

今里不動古墳跡は、福岡平野の東南部に位置し、月隈丘陵に連なる小高い古墳丘である。解説図では古墳頂部は標高二〇―三〇メートルとある。緩やかな勾配の先に広い平野があったと推測できる。六世紀末から七世紀初め、今から一四〇〇年前の「古墳時代後期の直径三四メートルの円墳」という。

花崗岩の巨石を組んで作られた石室はほかに数少なく、福岡平野でも最大級という。奥室（玄室）幅約四・一メートル、天井高三・九メートル、羨道《せんどう》の長さは玄室奥壁まで一一・二メートル。古墳口から少し先に前室があり、奥が玄室という複雑な構造である。現在は美道入口に木戸がある。

古墳の石組みの立派さに比べれば、古墳の外観や周辺経路の見栄えは貧相で、およそ貴重な古墳跡に見えない。古墳周辺は機械や車両が並ぶ工場が建ち込み、少し探しにくい。昭和六十二年三月三十日に福岡市指定史跡に指定された場所である。

「御笠の森大橋」に近い西の森が史跡「御笠の森」である。弥生の森や今里不動古墳跡方向から「御笠の森大橋」を西に渡ると、道路左右に自動車教習所が見える。「御笠の森」は、『日本書紀』や『筑前国続風土記』に登場する場所である。

「御笠の森」入り口（大野城市）

神功皇后説話によれば、「秋月の界隈で、羽白熊鷲《はじろくまわし》という盗族が村人を困らせると知った皇后は、橿日宮《かしいのみや》（香椎）から朝倉筑前の松峡宮《まつおのみや》へ討伐に向かう折、この地を通りかかった。その折、皇后の笠が風に飛ばされた場所を名づけて『御笠』といった」という。この道は南への幹道筋であったらしい。余談だが、平成十七年八月に、作家・古川薫が出版した『翔べ羽白熊鷲』（梓書院）が、作家の目で伝承話を掘り起こしている。今後、さらに伝承話に奥深さが加わっていく予感がする。

かつて一円は御笠郡と呼ばれ、郡名や川の名の由来になった。

現在は一望できる平地だが、大昔の一帯の森は、スダジイ、モチノキ、タブノキ、ヤブツバキ、ヤブニッケイ、カクレミノの林として、西南日本の代表的照葉樹林の姿を残していた。貴重な樹林として、平成七年

「御笠の森」のなかの様子

に有形民俗文化財と天然記念物に指定されたが、見るからに狭い小さな森である。往古説話や鬱蒼たる樹林風景はほとんど消え、広々とした縦貫道の立派さだけが目につく。果たして方形五〇メートルに満たないこの地が、古代を生きた樹林の面影を今後も残していけるのだろうか。今や「御笠の森」の跡という印象である。

近年、この森よりさらに過酷な道を辿った森がある。緑樹の専門家が、百年を要して再生中の照葉林と断言し、心ある人はその森の保全を主張したが、森の所有者にとっては資産となることから、その財貨を優先して禿げ山にし、マンション用地にした。御笠の森は伝承に支えられて残ったが、この森はすでに消失した。悠久の自然より財貨を選択した結果である。

自然は大事だと言っても、自分の利益に関わることとなると話は別である。環境保全という言葉は、実は足腰の弱いお題目である現実を教えてくれた。歴史に学ぶ一コマである。

数百年を永えた小山の照葉林が消え、西一キロの沖合に誕生した町の名が「照葉の町」というのも、笑えない笑い話である。

【周辺スケッチ】　金隈遺跡「弥生の森」から「御笠の森」までの順路を紹介する。

今里不動古墳跡から県道574号を三百メートル南下し、大野城市御陵中入口から御笠の森大橋へ向かう。橋上から五百メートルほど先の左に小さな森がみえる。御笠の森だが古代の森の雰囲気はない。

福岡市埋蔵文化財センター

▽井相田二丁目

修復・復元後，保存されている甕棺

【遺跡発掘物の病院】 考古学で大切なことは、発掘された遺物を発掘当初の状態、または発掘後も劣化が進まないように保存することだという。そのための重要な拠点がこの「埋蔵文化財センター」である。施設は「発掘物の病院」という認識から発想された旨が館内パネルで紹介され、板付遺跡の多くの遺物が保存されているという。展示品には博多の町が辿った地形変遷の様子や、中世時代の様子を伝える品が展示され、保存に重要な仕事の概要やノウハウも紹介されている。一般展示ではお目にかかれない、保存のための珍しい設備も写真入りで紹介され、遺跡勉強の強い味方である。

博多遺跡群は、那珂川・御笠川が南から運んだ土砂が堆積した砂丘に立地するという。現在の箱崎から市中心部を抜け西へ向う国道202号を南北で挟むあたり、東寄り北方に「息浜《おきのはま》」、南方を「博多浜」と呼んだ。博多の地に街が整備されたのは八世紀以降といわれ、南北方向の溝に囲まれて、役所的な施設の存在も考えられたという。十二世紀になると砂丘が陸続きになり、博多浜を貫通して北西から南東へ、町割りの基本線となる溝が設けられたという。十三―十四世紀にかけてこの溝に重ねて、幹線道路や支線道路が整備され、「中世都市」の姿が生まれたという。しかしながら十六世紀に入り、戦国大名らの勢力争いから、町はたびたび焼失・荒廃を繰り返し、天平十五（一五八七）年、豊臣秀吉の再興によって今日の町割りが誕生した。現在の博多区一円は、地下深く昔の素地が眠る場所であり、いまなおあちこちで、ビル工事に先立つ地下調査

福岡市埋蔵文化財センター外観

・保存の現場が見られる。

埋蔵文化財センターの目玉は、「真空凍結乾燥機」という。出土した木製品をそのままいきなり乾燥させると、含まれた水分が蒸気となる際に「力」が加わり、木製品が変形する。このため多様な史料は、一旦凍結して真空状態にすれば、含まれた水分は一気に気体化して史料に負担をかけず乾燥させることができるという。これを「真空凍結乾燥（フリーズドライ）」といい、カップラーメンや薬品製造に用いる技術の応用と知った。この設備は最大で三メートル大までの史料を処理できると解説されている。また水中での保存方法などの現場展示もあり、まさに遺跡発掘物の病院という認識を深めるに恰好な見学場所である。

復元碇石は、博多湾で収集した碇石（西区唐泊出土二二二センチ）の復元である。泉州船で用いたのと同程度の碇で、全長七メートルほどの大きさと考えられるという。展示品は少し圧縮し五・三メートル大で、中央部の臍《ほぞ》穴で固定し、碇歯（爪）は鷹島発見4号碇を参考にして模造されているという。

【周辺スケッチ】　板付遺跡への入口にあたる。県道112号線板付五丁目信号から一・六キロ南、「那珂団地入口信号」前にある。隣は板付中学校で、道路西向い側は麦野三丁目になる。バス停は「板付中前」が近い

中世博多の変容

住吉神社所蔵の「博多古図」によれば、鎌倉時代の初め頃（一一九二年）から蒙古襲来の時代にかけ、博多湾岸は次のようであったという。

現在の博多湾岸より遙かに南側が海岸であった。北東の箱崎海岸は、箱崎宮前の浜から南西に延び、現在の御笠川付近で息浜の半島と向かいあっていた。息浜の南は一気に深い入江になり、途中に現在の塩原があり、南西奥が住吉神社の岸辺であった。

現在の東中洲から天神大牟田線の西付近は「冷泉の津」が湾入し、住吉神社は冷泉の津の南奥の海岸であった。住吉神社の現在の天竜池は入江の一部で、美野島は南の小島、さらに南対岸の那珂川が、冷泉の津に流れ込んでいた。六世紀頃の那珂川河口は南区の老司あたりだったという。博多湾沿い冷泉津入江は、現博多川東岸の川端から櫛田神社の西付近だったと想定される。

江戸時代はじめには現在に近い地形になるが、やがて中洲の北にも次第に人家が建ちはじめた。中・南部一帯は竹藪や蘆が生い茂る荒地で、狐も生息したという。

博多は早くから新羅・唐と相互に使節の交流をし、六六五年頃には那の大津（福岡城跡）に「筑紫館《つくしのむろつみ》」（のちの鴻臚館）を置いた。やがて日本唯一の貿易拠点になり、来朝使節と同行商船間で公貿易が行われた。特に許された商人を中心に品々を買い取る。これが博多商人の発祥である。大宰府政庁からは貿易唐物扱いの権限が委譲され、朝廷による購入物品の指示も行われた。

大宰府役人はこの機会を利用し個人的に唐商人と結託し、密貿易に手を染め莫大な巨利を得た。役人は博多社寺やほかの広範な社寺を系列に誘い込み、博多湾岸に荘園を開いて唐商船との密貿易に懸命となる。鴻臚館の機能が衰退する一方で、密貿易の荘園貿易は隆盛となり、唐商船の入港は次第に博多へ集中していった。唐が亡びた後は日宋貿易が栄え、彼らは日本人妻を娶《めと》り博多に住みついた。謝国明が特に有名である。博多区御供所町、呉服町辺りの「博多百堂」、箱崎浜近くの「箱崎大唐街」などに住んだという。

もっとも日宋貿易を興隆させたのは平家で、清盛の父・忠盛は密貿易で巨利を得て、朝廷に多額の献金をし、勢力を伸ばした。

博多貿易の利権に強い関心を示した周防の大内、豊後の大友、肥前の龍造寺、薩摩の島津は、九州の覇権を博多掌握で実現しようとお互いが争い、そのために博多は絶えず荒廃をくりかえした。それでも博多は大陸との門戸として重要な機能を持ち続けた。

天正十五（一五八七）年の「秀吉の博多町割り」が新生博多の誕生となる。現在も七が付く町割り呼称がある。七つのブロックに町割りをし、七番、七堂、七辻、七小路などと小さく区分し、七、七、四十九で仏願に達する数に因むのが、博多山笠の七流の源流で今も生きている。

秀吉が町割りで一番最初に縄張りさせた町の辻が、「一の小路」、すなわち「いちしょうじ」、転じて「市小路」の町名となった。博多町割は豪商・神屋宗湛や島井宗室らの力が大きく働いた。秀吉は島津が博多を焼き尽くしたと知るや、博多に先駆け入りした黒田孝高《よしたか》に命じ現地調査をさせた。孝高は家臣や町人を呼び戻し、石田三成、小西行長ら五人の奉行で戦災復興に着手した。町割りに使用した間尺は、長さ二メートル、幅三・五センチ、厚さ二・五センチの松の棒で、宗湛が彫った銘があったが、昭和二十（一九四五）年の博多大空襲で焼失し、櫛田神社にはその模造品が保存されている。

博多は半年で復興し活気を呼び戻した。秀吉は博多を商人の自治都市と認め「九か条の制札」（楽市楽座）を出し恩恵を与えた。その原文が櫛田神社に保存されている。以後博多は商都として発展し、島井宗室、神屋宗湛、大賀宗伯・宗九父子らが、黒田孝高、長政父子以後の黒田藩を支え続けた。禁断の密貿易も伊藤小左衛門に極まった歴史を持つ、たぐい稀な商都である。

中 央 区

CHUO-KU

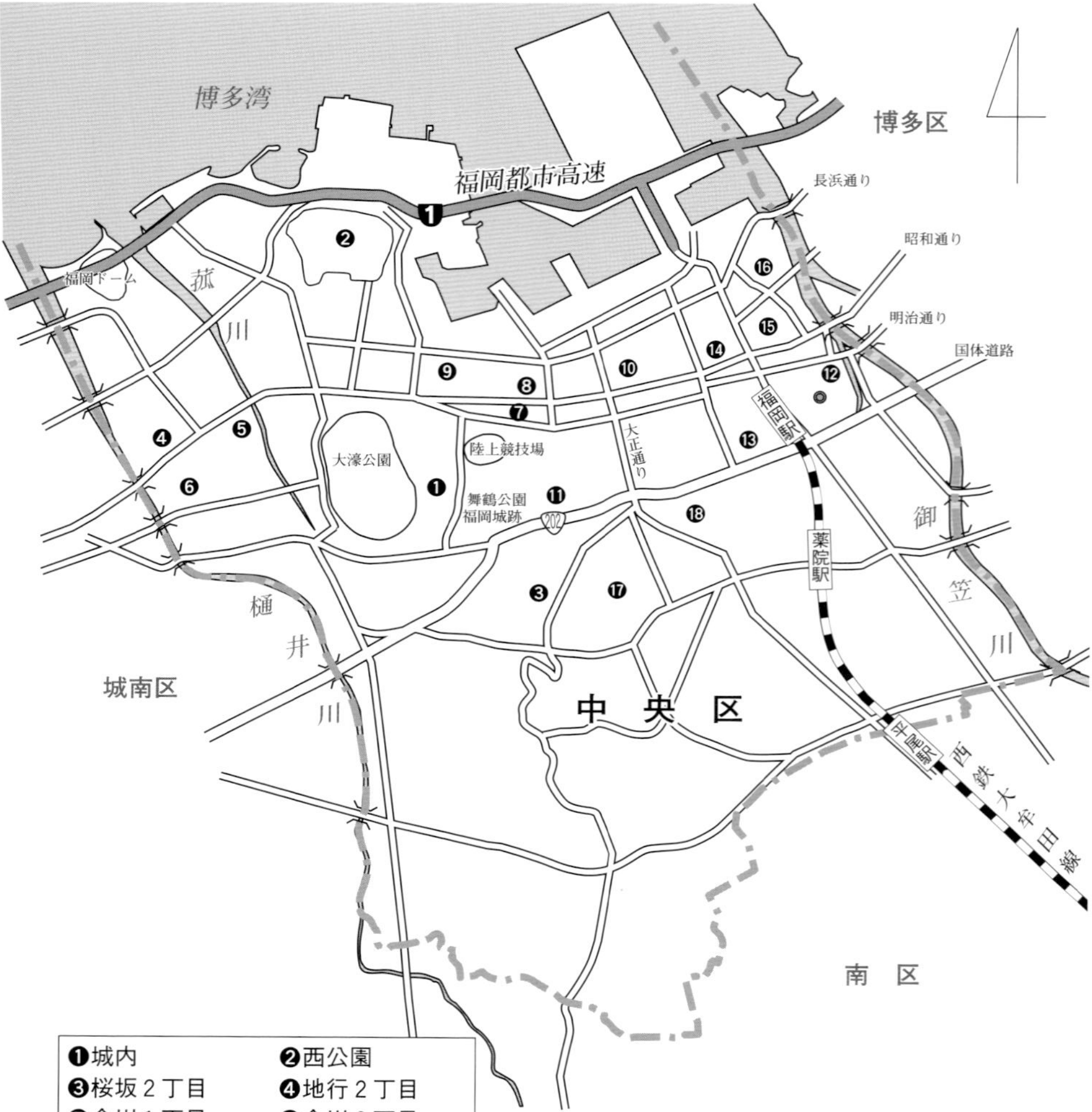

❶城内　❷西公園
❸桜坂２丁目　❹地行２丁目
❺今川１丁目　❻今川２丁目
❼大手門１丁目　❽大手門２丁目
❾大手門３丁目　❿舞鶴２丁目
⓫赤坂２丁目　⓬天神１丁目
⓭天神２丁目　⓮天神３丁目
⓯天神４丁目　⓰天神５丁目
⓱警固３丁目　⓲警固１丁目

福岡城址

▽城内

【黒田藩由緒と城の由来】　黒田家のはじめは近江の守護佐々木氏の流れで、江州《ごうしゅう》（滋賀県）伊香郡黒田の邑に住んだ。六代の孫、黒田高政は、永正八（一五一一）年に山州舟岡の戦いに出陣し、軍令に反する先駆けで将軍足利義植《よしたね》の咎めを受けた。佐々木氏のとりなしで救われるが、身辺の危険を察し、備前国邑久《おく》郡福岡（現・瀬戸内市長船《おさふね》町）に移った。そこは山陰と瀬戸内を結ぶ真ん中で、刀鍛冶など鉄工業も盛んな所で、市《いち》も多く豊かな町だった。代々黒田家は、目薬「玲珠《れいじゅ》膏《こう》」で名を売り、薬を求める者も多く大きな利を得た。それを元手に低利の金貸しを始め、蓄財で田畑を買い雄飛の基盤とした。

高政と子の重隆父子は、蓄財で得た土地に砦のような小さな福岡城を築き、やがて重隆の子・職隆《もとたか》が砦の城で誕生し、播州姫路城に移った。当時御着城で威勢があった小寺藤兵衛政職《まさもと》は、黒田職隆に眼をかけ、明石城主の息女を養女に迎え、職隆の妻にした。そして姫路の城を任せた。小寺の姓と名の一字を与え、小寺職隆となる。その子供が姫路城で誕生した黒田官兵衛孝高《よしたか》（のちの如水）で、天文十五（一五四六）年十一月のことである。

のち小寺藤兵衛政職は信長に対する罪により、御着城を出て浪人となる。小寺藤兵衛政職がその後備後で流浪の身と知り、これを哀れに思った黒田職隆と孝高父子は、秀吉にその子の復権を願い出て、かつての小寺家への恩義を示した。

慶長五（一六〇〇）年、家康と秀吉が関ヶ原で覇権をかけて戦い、徳川の天下となった時、九州中津藩（大分）十二万石の黒田孝高（如水）と息子長政に委ねられた城が、筑前黒田藩の居城となる名島城である。黒田藩始祖は黒田孝高だが、初代藩主は関ヶ原でその武勇を認められた息子・黒田長政である。

父子の最初の居城は、小早川秀秋が美作《みまさか》に移った跡の名島城である。現在の東区名島の海岸丘陵地で、北・南・西の三方は海に面し城地が狭かったため、新た

中央区

福岡城趾から大濠公園を望む

な城地を物色した。候補地に住吉・箱崎・荒津山と福崎があがり、福崎が選定された。大名の中でも城造り名人といわれた黒田如水は、朝鮮晋州城を参考に構想し、慶長六年に着工し、七年の歳月をかけ完成した。近年福岡城に天守閣があったなどの話題も聞くが、論争の行方は決着しそうになく、いずれ検証が進んで真偽が明らかになるのを期待している。

新しい城は、黒田家の故郷となる備前国邑久《おく》郡福岡に因み「福岡城」と名付け、周辺を「福岡」と呼ぶようになる。如水の第一の故郷の名から新城下町の名が生まれた。福岡は那珂川西の城下町一円の地名になり、東の商人町博多との双子町となる。城と荒津山を中心

御鷹屋敷跡碑

線に左右の地形が鶴の姿に広がり、舞鶴城と呼ばれるようになった。

福崎の地に築いた福岡城は四囲を濠で囲んだ。城と地続きの南側・赤坂山（現・桜坂）の境は濠造りで切り崩し、西の草香江は海が深く湾入するため、赤坂山で切り崩した山土で埋め、現在の荒戸町から唐人町一帯を武家屋敷の地にした。草香江は、細い水路（黒門川）で西の大きな濠と海を結び、東岸土手に杉を植え「杉土手」、大濠の北岸に松を植えて「松土手」の地名が生まれた。荒戸町と唐人町を結ぶ濠端に「黒門」が設けられた。幹線道路の黒門橋通り北西角に木組みのモニュメントがあり、道路下の黒門川暗渠を示している。

城の東側の濠は、中央部分から真っ直ぐ東の薬院川

福岡城址・鴻臚館方向への探訪口

まで延び、中堀・肥前堀と呼んだ。現在の市役所南側傍に「数馬門」、土手町と雁林町をつなぐ橋際に「赤坂門」ができ、天神に「薬院堀端」、大名町に「土手町」の地名が生まれた。濠は城の外を巡り大濠と那珂川を循環させ、濠幅五十四メートル（三十間）、水深三・六メートル（二間）で、東と南の濠は今は大部分が埋まるが、細い水路が残る。中堀・肥前堀は昭和の初め頃までに埋められ、北の濠は明治四十三年の市電敷設時に、半分が埋まり今の様子になった。

肥前堀の名は、肥前佐賀藩鍋島候の計らいで人夫が従事したことから付いたという。市営地下鉄工事中に当時の濠石垣が発掘された。現在北の濠端沿いに地下入り口があり、土曜・日曜に地下の遺構見学ができるようになっている。

【周辺スケッチ】現在の城址周囲は東から南にかけ、赤坂一・二・三丁目、南の六本松一丁目に接し、西に大濠公園が大きく広がる。北側の横長い濠の向岸は、東から舞鶴三丁目・大手門二・三丁目・荒戸町である。

荒戸町の北が荒津山の丘陵、西公園の桜で有名で由緒ある光雲《てるも》神社である。濠の北沿い地下には地下鉄空港線が東西に走り、地下から濠石垣が出たのはこの通りの地下である。

福岡城址東御門から松木坂門まで

福岡城の東御門から松木坂御門(西)までを一巡する。▼城址東端▽かつての平和台野球場跡が遺跡発掘現場になり、南西に「現鴻臚館」がある。▼東御門口▽鴻臚館と野球場レフト外野壁の間を東から通り過ぎると、正面に石垣壁が現れる。左に広い復元門跡がある。石段を登り右折すると登城口である。「お綱門」由緒の門跡である。この門を過ぎると登城石段が広い間口を見せ、堂々と現れる。▼扇坂御門▽東御門を入り、一旦右に曲がった先が本丸の検問口であったという。▼二の丸跡▽扇坂御門を入れば二の丸跡である。石垣上から北を見下ろす位置で、眼下に家臣団屋敷が東西に並んだあたりという。現・陸上競技場スタンド北側の東西に横長く屋敷地が連なり、家臣が朝夕に城を見上げ、身を引き締めた情景が連想できる。▼表御門▽門自体は月見櫓などと共に、崇福寺に移築され櫓礎石の標示石のみが残る。▼本丸跡▽城内唯一の広い敷地は、庭園風に整備され市民の憩いの場所になっている。

天守台口

▼天主台口▽登れば傍に鉄御門跡や埋め門遺構がある、天主台地である。現在、天主台地には城下を見下ろす展望台があるが、北の足元は樹木や高層建物に遮られ、ほとんど眺望はない。天守閣が騒がれる割には、その場所の現状も雄都福岡にしては寂しい展望台である。▼天主台眺望▽東北眼下は、目前の樹枝が目に入り、

海や遠くの山稜は見えない。西側の眼下に大濠公園、遠くの西北の街並が混然とした眺望を見せる。▼裏御門▽天主台から西へ下城する下り道である。大きく広い石垣門は立派である。▼枝垂《しだれ》桜▽裏御門下に向かい右に大きく曲がると、裏御門石垣を背に枝垂桜の大樹がある。▼松木坂御門▽裏御門の下で、最後の御門が松木坂御門である。その下は緩やかな勾配が続く。坂の下に「福岡城址」の大きな石柱がある。道路の向うが如水公史跡三の丸跡地である。

東御門口

以上、東御門口から西の松木坂御門下までを通過した。少し補足を加える。

▼石垣について▽工事は黒田二十四騎・野口佐助一成が奉行として行った。野口は江戸城、大坂城を手がけた石積み名人である。名島城石、能古島や宮の浦、野間寺塚古墳の石などを用いたという。本丸石垣は東西が九一メートルで高さ東一一メートル、西六・四メートル、南北は一六九メートルで、高さ南一四メートル、北五・四メートルであった。

▼櫓について▽石垣上に四十七の櫓が築かれたが、現存するのは僅かである。▼潮見櫓▽三の丸北西に建つ。城の外からも見える。本来は玄界灘や身近な博多湾内を監視し、海上防衛上の望楼櫓であった。大正時代初期に浜の町・黒田別邸（現・市消防局）に移設されたが、昭和三十一年に現在地に移設復元された。▼祈念櫓▽由来を遺構横のパネルで紹介している。かつて北九州市八幡区の大正寺に移設され、昭和四十年に現在地に復元移設されたとある。▼多聞櫓▽福岡城四十七の櫓中、築城当時の位置に現存する唯一の櫓である。城外から見上げると城郭南西隅の高い石垣上に二重二階建ての切妻造りで、隅櫓と桁行五四メートル（三十間）の長い西平櫓からなる。防衛用

の長い櫓で普段は武器庫であった。櫓内は普通では吹き抜けが多いが、ここは十六の区画室になっていた。▼月見櫓・花見櫓▽明治の廃藩置県で福岡廃城の際、崇福寺に移設され仏殿になった。最近、城址に移設復元計画の途中だと聞く。▼大手門▽

2008年秋に復元された大手門

旧「下《しも》の橋《はし》」傍の門で、屋根は本来二層であったが、昭和に入り一層になる。巨材は慶長から四〇〇年の風雪雨を凌いだ風格と、明治六年の筑前竹槍一揆で乱入した農民の鎌や斧の傷跡が無数に残っていた。潮見櫓横にあったが不慮の火災で焼失したが、平成二十年秋に修復再建された。復元想像図で専門家の間に見解の相違も聞こえる。▼三の丸・御鷹屋敷跡▽黒田如水が、晩年を藩主・黒田長政の傍で暮らした屋敷跡が「御鷹屋敷」である。現在は福岡城の西寄り丘陵で、「ぼたん・しゃくやく公園」となっている。城址全体を俯瞰図で見ると、一の丸・二の丸側の西に、南北に縦断する車道が通り、その西向こうに三の丸が位置する。すなわち、西側丘陵に御鷹屋敷はある。南北の縦貫道路沿いに母里太兵衛の長屋門遺構も残る。

如水は、明石城主の娘を母とし、母の菩提碑が幕末西南戦争の折に征討軍仮本営となった現在の天神勝立寺境内にあることは、すでに紹介した。三の丸跡は、ぼたん園として保存され、鬼謀深慮の武将・如水が、傍らの碑の下で静かに眠っている。福岡城址本丸と西の大濠公園に挟まれた丘陵地の北寄りにある。東西に細長い濠は、東端から赤坂を東に抜け「肥前濠」として現在の福岡市庁舎付近まで達していたことになる。

東側旧野球場外野附近から、西側の陸上競技場入口側までを巡ると、競技場入口前西側に、「名島門遺構」や母里太兵衛の「長屋門遺構」がある。

筑紫館と鴻臚館

▽城内

【大陸と交流の要衝地】 福岡城址は、「筑紫館《つくしのむろつみ》」があった重要な地である。戦前・戦中の軍営地から一転し、戦後は平和、文化復興地として大きな役割を果たした。平和を謳歌する意味を込め「平和台」の名で市民に愛され、競技場や野球場はスポーツ殿堂の地として数多くの物語を紡いだ。

筑紫館に滞在した遣唐使が詠んだ歌の歌碑

大正から昭和にかけ、九州大学教授中山平次郎博士が、平和台球場跡は紛れもない大陸との文化交流拠点の鴻臚感趾と推考解明され、今もなお発掘作業が続く。大陸渡航使の苦闘の跡を鴻臚館の場所と睨んだ中山博士の研究が、今日の鴻臚館研究を飛躍的に進展させた。

城址は戦国大名黒田氏の居城の歴史のほかに、遥か昔の大陸文化交流を見通す貴重な史跡地である。

現・鴻臚館資料館内写真パネルにも、「筑紫館」が史料に登場したのは持統二（六八八）年と説明がある。新羅が朝鮮半島を統一した六七六年、新羅の国使を迎えている。天平八（七三六）年に新羅へ使節が旅立つ前に詠んだ万葉歌四首は、筑紫館に到着しはるか故郷を偲ぶ心情や、異郷へ旅立つ不安を託した歌として有名である。

「筑紫館」の造営は、律令制度下で進展した大宰府造営と歩調が揃い、六八〇年代から七四〇年代まで、持統朝から奈良時代半ばまで存続し、やがて筑紫館は中国風の鴻臚館に変身する。

承和五（八三八）年以後の史料に「鴻臚館」の名が現れ、寛治五（一〇九一）年以降の記事から名が消えたのは、この間の鴻臚館の存続盛衰を示すという。建

鴻臚館跡展示館内

物跡も第一・二期は奈良時代「筑紫館跡」で、第三期が平安時代以後の「鴻臚館跡」という。

鴻臚館資料館は旧平和台球場の外野フェンス南外側にあり、資料館西には福岡城東御門口がある。鴻臚館跡・福岡城址・旧野球場がほぼ一帯にあり、資料館は発掘された鴻臚館建物の礎石を再現・保存している。

迎賓館風の外観を屋内で再現し、館内回廊壁に施設規模、施設の役割、遣唐使の往来航路図、船の模型などの展示がある。中山平次郎博士のパネルもある。遺構発掘は資料館の屋外周辺で現在も継続中である。資料館への入場は有料である。

藩家老たちの屋敷跡地　城址北端・長い濠に面する側で南に向い本丸を見上げる位置の東西に、藩家老たちの居宅が並んだという。陸上競技場メインポール外側の茶色の舗装路一帯に家老屋敷が東西に並び、競技場外の東に向かい赤坂門、大名町、旧万町《よろずまち》から、現在の天神交差点付近まで屋敷が続いたという。

現在のJTビル敷地に残る大銀杏は、家老屋敷内にあった老樹の名残という。競技場反対側西向こうの丘陵が、城址・三の丸跡で、如水御鷹屋敷跡の「ぼたん・しゃくやく公園」である。

母里太兵衛長屋門と名島城門遺構　酒で槍を呑み取ったことで有名な母里太兵衛の屋敷跡碑は、旧万町《よろず》と天神町の間をカーブする道路傍、証券会社横の地下鉄入口前にある。

三の丸跡丘陵前の車道沿いで横長の建物が太兵衛長屋門遺構である。その長屋門から三の丸跡への足元に、福岡城築城以前に名島城から移設した「名島門」遺構がある。明治の頃、長崎へ転売される直前に博多対馬《つま》小路《しょうじ》在住の玄洋社平岡浩太郎が買い戻した門である。

博多・対馬小路は対馬藩などの交易を通じて繁栄し、長者が多い町であった。明治三十三（一九〇〇）年の

「福岡県長者番付」（博多商業会議所）を見ると、東横綱が当時炭坑主の平岡浩太郎で、年収六萬円、現在なら年収六億円以上、大関が後の東邦生命会長の太田清蔵で二萬五千円とある。太田清蔵氏の事業跡は、東区香椎周辺でさまざまな形で今も語り草で残っている。博多湾岸私鉄敷設、福岡女子大や県立高校誘致などがそれである。

【周辺スケッチ】　福岡城址の「城域エリア」は、北が濠端、西は大濠公園に接し、南は赤坂三丁目から護国神社そばまで広がり、東は天神町周辺に及ぶ。この城址や旧野球場が混在する場所が、筑紫館・鴻臚館の跡を抱える一帯である。

二代藩主黒田忠之の行状譚

▽城内

【忠之と黒田支藩の誕生】　黒田長政が亡くなり、元和九（一六二三）年、跡目の藩主に二十二歳の長男・忠之が就いた。藩祖黒田孝高（如水）、初代長政に次ぐ二代目当主である。忠之は藩主としては二代目だが、藩祖孝高から数えると、実質三代目である。俗に三代目は創始者や二代目に比べ放逸でわがままな気風が多いといわれ、往々にお坊ちゃん器量が多いという。まさに忠之がそうであった。

長政は生前「性格が荒い忠之は何れ廃嫡し温厚な長興（三男）を跡目」に考えたという。長政は忠之十五歳のとき、商人にならぬかと問うたが、それを忠之は疎外されたと受け止めた、そのときの口惜しさがのちに、長興へのわだかまりになったという。

藩主になった長男忠之は、長興への嫉みを忘れず、藩主に就いた後も何かと長興を謹慎扱いし、長政の葬儀にも遠慮を命じた。見かねた家老の一人は脱走同然に長興と筑前から出国し、寛永三（一六二六）年に将軍秀忠に謁見した。そして、長興の人品がまっとうなことが認められた。その甲斐あって、やがて長政の遺言通り、二支藩（秋月藩・東蓮寺藩）の当主が定まったという。忠之の四歳年下の弟・政冬（次男）は、母が筑紫上野介広門の娘で、忠之兄弟のうちで異母だったが若死したため、秋月藩は忠之の八つ下の長興（三男）、東蓮寺藩は十歳下の隆政（四男）となった。忠之の気性が荒いのは父・長政も承知の上だったが、一方で果断な気質と気風を備えていた。それというのも、時の将軍徳川秀忠から、一字を拝名したという強い気負いがあったのかも知れない。

藩主となって早々の忠之は酒も好き、夜更かしも好み、鼓に興じ、口うるさい家臣は知行を剥ぎ取られたという話も多い。寛永元（一六二四）年、父祖代の豪商・神屋宗湛愛用の名器「博多文琳」を、秀吉・如水・長政すら召し上げに苦労したが、忠之は五百石と金二千両で強制的に召し上げた。この名器は当時、天下の名器「唐物肩衝茶入」で知られ、晩年を不遇に送った神屋宗湛最後の誇りの品だった。得意満面の忠之はこれを小堀遠州に見せ、徳川家光の上覧にまで及び、はしゃいで騒ぐ稚気丸出しのお坊ちゃま殿様であったという。

過激な逸話もある。鷹狩りの帰りに薬院安養院で休息し、接待にでた小姓を気に入り城に召そうとしたが、住職空誉《くうえい》が断った。諦めつかず小姓の身元を調べると、若い娘と判明した。激怒した忠之は空誉を破戒の罪で釜責め処刑にした。現在のアクロス福岡南の福岡藩処刑場跡がその場所という。

別説もある。黒田家臣の後藤又兵衛は、黒田藩重臣ながら脱藩し、のちには豊臣に肩入れしたため、又兵衛の挙動に不審を抱いた幕府から「黒田に二心あり」と疑われた。忠之は又兵衛へ行動を慎むよう空誉上人に説得を命じたが、又兵衛はそれを聞き入れず、忠之は幕府への義理立てに空誉上人を処刑したという伝承がある。

もう一つ別の話、警固の香正寺《こうしょうじ》住職は、忠之の囲碁相手として薬院川を船で参内したが、増水で船が通わぬときのため、忠之はりんもう町に橋を架けさせた。

黒田忠之の巨大墓碑

これが「りんもう橋」由来である。

以上の三話はいずれも、忠之の荒っぽさを語る話だが、その豪気と果断ぶり、そしてこのあと紹介するお家騒動でも、幕府謁見の場で並み居る徳川重臣に「さすがは如水・長政の遺児」と感服させた器量人でもあったことは間違いない。彼の傍若無人ぶりを語るものに、博多区東長寺の忠之墓碑がある。殉死者六人の墓を前二列に従えた巨大墓である。幕府は忠之以後、殉死禁止令を出したが、幕府より格下の藩主に人心が傾倒するのを危ぶんだ威令にほかならないといわれている。

良くも悪くも激しい藩主だったことは間違いない。東長寺の塀沿い外の大博通りから、高く忠之の巨大墓碑は頭を突き出している。

【周辺スケッチ】「唐物肩衝茶入」の話は、神屋宗湛の由縁話である。屋敷跡を訪ねるとするなら、博多区奈良屋町の豊国神社界隈である。

黒田藩お家騒動

黒田藩は徳川家にとって如水以来の功臣、十指に入る外様雄藩で、その藩の騒動は仙台伊達、越前加賀、佐賀鍋島に劣らぬものであった。

忠之の直情径行《ちょくじょうけいこう》で藩は危機に直面し、その危機一髪を回避させた立役者が、黒田家の重鎮栗山大膳である。如水・長政の懐刀《ふところかたな》であった栗山備後利安の嫡男で、親譲りの誠実者であった。藩主の十一歳年長であり、実戦経験はないが漢学・儒学に精通した学識者で、豪気な気風で主君忠之の挙動に、遠慮会釈なく忠言した。父の隠居に伴い栗山大膳は知行三千石と父隠居領の一万七千石の首席家老となる。長政は生前、栗山利安に三千石の隠居料を加増しており、二万石と大名級でもあった。

忠之の行状は藩主となっても一切変わらず、長政以来の旧臣のなかでも、都合の良い家老を重用し、口うるさい古家老を疎んじた。そんななか、大事件は起こった。

寛永五（一六二八）年の「鳳凰丸」建造である。この建造で足軽三〇〇人を新規に召し抱えた。当時江戸幕府は西国大名に五〇〇石以上の巨船造りを禁じ、兵力増強に通じる動きを監視し、力をそぐため強大な大名が次々に取り潰された。元和五（一六一九）年の安芸五〇万石の福島正則、同六年筑後柳川三二万石の田中忠政、同七年出羽山形五七万石の最上《もがみ》義俊、同九年の越前福井六七万石の松平忠直、少しのちの寛永四（一六二七）年の陸奥若松六〇万石の蒲生忠郷などである。

忠之の暴走に藩の危機を予感した栗山大膳は、家老代々の忠勤として直言に真剣さを込めたが、忠之は一層、大膳を疎んじ始めた。一向に反省のない忠之に大膳は打つ手はなく、ついに病と称し、父・利安の領地筑後の左右良《までら》（現・杷木町）に隠棲した。藩重臣が政務を放棄するとは論外のこと、そこに実は重鎮家老の不退転の秘策が隠されていた。

寛永六年、幕府は、家老隠棲は大恩藩祖の遺命に背く、直ちに復職させよと忠之に勧告した。大膳の読みどおり、事は幕府に伝わり、その下命となった。幕命で大膳は復帰し、さらにつぎの手を打った。幕府直々に忠之を諫めてもらう策である。

かつて諸藩の不始末を幕府が厳しく咎めた耳の痛い話があった。福島正則家の滅亡は城郭の無断修築が理由であった例や、加藤清正への制裁理由が、大坂の役で豊臣秀頼の太刀と書状を未届けの不義、大坂蔵の兵糧を大坂城内へ運んだ無断、巨船日本丸の無届造船、そして地震で熊本場内の火薬庫を爆発させた前例など、大膳も忠之も藩の命運を左右しかねない話は熟知していたはずであった。

さて大膳の巧妙な行動を推察した幕府は、江戸に急ぎ参府せよと忠之に命じた。忠之は即刻江戸へ向かう。江戸の手前、品川口には忠之を待ち構える旗本や鉄砲頭など大勢が待機し、しかも忠之には、すぐに江戸に入らず、品川東海寺に行けと幕命が出た。これでは弁明の機会を失うと忠之は不安を感じ、供数人で強引に江戸近くの桜田屋敷に駆け込んだ。それを聞いた老中はあきれもしたが、仕方なく渋谷長谷寺を指示して待機させた。長谷寺待機の報は国許にも届いた。それは藩の危急を意味した。当時は寺で謹慎とは藩取り潰し予告の常套であった。それとも知らずに駆け込んだ寺から、決死の覚悟で参府した忠之に対し、「流石は長政の子だ」とその度胸を認められている。他方で藩を思う大膳の万策が効き目となり、辛うじて藩の命運が保たれた「お家騒動」の内実であった。

長谷寺謹慎の忠之は再び呼び出され、「その方、かねがね仕置きよろしからざること、不調法至極に思召される。従ってここに領地を召し上げることに相成った」と言い渡された。他藩の例にならう措置と同じだった。しかし黒田藩は生き残った。

申し渡しは西の丸、酒井屋敷に忠之を出頭させてのことであったが、酒井屋敷の沙汰は続いた。「遠慮なき所行《しょぎょう》ありと言えども、代々徳川家に対し忠節の家柄なるをもち、新たに筑前の旧領を与える。以後は諸事念を入れて仕置いたすように」と沙汰が下った。徳川幕府への如水・長政父子の功績を勘案した措置であり、また重臣栗山大膳の、父祖の代からの変わらぬ忠節に対する深い幕府の配慮でもあった。一度は藩をとりあげ、他藩と異なり再び藩存続を認めた措置で、黒田藩お家騒動は鎮静したのである。

光雲神社と西公園

▽西公園

【黒田藩始祖を祀る】 黒田六代藩主・嗣高《つぐたか》が、藩始祖・孝高や長政を福岡城に祀ったのが光雲《てるも》神社の起こりである。明治四十年に現在の西公園に移され、昭和二十年福岡大空襲で焼失するが、昭和四十一年に再建された。神社名は孝高と長政の二人の法名、龍光院殿の「光」と、興雲院殿の「雲」から各々一字をとり「光雲神社」と名がついた。

拝殿の内天井には、舞鶴城に因み鶴が二羽描かれ、真心を込めて手を叩くとその鶴が啼くといわれる。神社境内には民謡の「黒田節」で有名な長槍、日本号を手に立つ「母里太兵衛友信像」の等身大の立像や、愛用の兜像がある。

大濠公園を背に、昭和通りから北へ丘陵を登り詰めると、西公園頂上である。北に博多湾が広がる。頂上からの展望は、北の正面眼下が荒津の浜の埋立地で倉庫群があり、下方には福岡都市高速道が走る。

西公園から右手に博多漁港を跨ぐ荒津大橋が見え、左手沖合いには鵜来島《うぐしま》が見える。埋め立て以前の西公園下は「伊崎浦」の漁港であった。遠くに玄界島、能古島、志賀島が一望できる。桜の名所であり、かつてこの眼下は浜であった。

この西公園からの眺望を語る古書の一文を意訳して紹介する。原典はご存じの『筑前国続風土記』である。

古歌に荒津というのは博多のことである。しかし荒津の崎とも詠まれているので、博多からこの山までをすべて荒津といった。山上から四方を振り返ってみると、いつ見ても目に新鮮で感動させられる。北の海は遠く、その行く手は遙かに広いとはわかっているが、眼前にみる景色に、心は中空におどり、あたかもさっそうと中空に浮かぶようだ。

秋天の良く晴れた日は、名護屋・壱岐島もほのかに見えるようで、異国の新羅や唐土まで見えるような気がする。ましてや、志賀の海士の塩焼く煙、西の唐泊、残浦《のこのうら》の白浪などは庭先の景色のようにみえる……。

古人が眺めた景色はときを経て大きく変貌しているが、古きを偲ぶに不自由はない展望である。

【周辺スケッチ】「西公園下交差点」を真北に歩くと、西公園の大鳥居がある。そこから緩やかな上り坂が始まる。二〇〇メートルほど先から、車道が左へ一方通行で廻るコースになり頂上に着く。頂上は「さくら名所百選」にも選ばれた公園で、茶屋などの休憩所があり、頂上には加藤司書の碑もある。公園下の荒戸町界隈では中野正剛誕生地や、貝原益軒旧宅跡も訪ねることもできる。

光雲神社

立帰天満宮

▽西公園

【海の神・航海安全の神】 西公園光雲神社へ登坂の途中、道が左右に分岐する手前左側に「立帰《たちかえり》天満宮」

石段の下にある拝殿

立帰天満宮鳥居

がある。

菅原道真は大宰府でしばしば武蔵寺に参詣したといい、境内の森で自ら尊像を刻んで寺に安置した。この尊像を御神体とする「御自作天満宮」は広大で美を極めたが、南北朝期や戦国時代の戦火で焼失した。元禄五（一六九三）年に社殿は再興された。元禄年間（一六八八—一七〇四）の末頃、武蔵寺本山・源光院（明治六年廃寺）へ武蔵寺境内の御自作天満宮の分霊を移し、「お山の天神様」として祀った。後に長崎警備に行く藩士や、水夫《かこ》が祈願して出発すると、無事に立ち帰ることができたので、「立帰天満宮」の名が起こった。船出の旅人たちの「航海安全の神」「海の神」として崇敬された。

博多に着いた菅原道真一行が大宰府をめざした当時、余香殿前の容見《すがたみ》天神跡のあたり（現・今泉一丁目）で方角に迷い、その従者がこの西公園の高みに登り方角を見定め、大宰府道に向かうことができたので、大宰府道へ「立帰り由来の高み」といい、「立帰天満宮」の名がついたともいわれる。昔は、ここの立帰天満宮から南の太宰府方面が遠望できたという。慶長十七（一六一二）年に黒田長政が、今泉の容見天神を現在地（天神一丁目アクロス前）に水鏡天満宮として社殿を移築したことから、天神様が来た町「天神町」の名がついたことはご存知の通りである。

【周辺スケッチ】西公園口の大鳥居をくぐり、緩やかな上り坂になる。鳥居から一〇〇メートルほど先の左に、平野國臣像へ案内する低く小さな道標「平野國臣」石柱もあるが、さらにその先、車道が一方通行で頂上へ廻るコースの左手前に、鳥居がある。奥社は鳥居をくぐり石段を下りた先で、周囲は林の中である。

平野國臣銅像の制作者

▽西公園

【安永良徳の作品】　西公園下大鳥居から立帰天満宮へ登る途中の左路傍、平野國臣《ひらのくにおみ》像所在を示す低い碑柱がある。脇道へ五〇メートルほど歩くと、頭上の林が切れ、広場の正面中央に立像が屹立している。巨大な台座の上で悠然と東を睨む幕末福岡藩志士・平野二郎國臣像である。平野は話題豊富な郷土人で、その事跡は別で紹介するが、ここでは像の制作者を紹介する。

　西公園に存在した國臣像は、戦時中の金属供出で消え、二代目の像がこの巨大立像である。像の制作者は郷土の彫刻家・安永良徳氏。彼の他の作品は福岡市内に数多く残る。若き日の安永良徳は、かの有名なサトウハチローと青春を分かち合った仲間であったことは意外に知られていない。画家・菊畑茂久馬氏は今でも彼を「良ちゃん」と回顧する。

　安永良徳氏は郷土・福岡に数多くの作品を残し、國臣像もその一つである。晩年は郷土で制作に力を注いだ。福岡市立美術館「母子像」、福岡県立美術館の前庭に建つ抽象造形「裸婦の像」、明治百年記念のＪＲ博多駅在来線駅舎前の「芸者舞い姿」などは、彼の晩年の作品である。博多駅も再開発される運命だが、作品はどこへ行くのだろうか。

　平成二十一年頃には九州大学六本松地区（旧制福岡高校）も西区元岡へ移転するが、現構内にある彼の作品「旧制高校の学生三人が放歌高吟して乱舞する像」は、九大が未曾有の大学紛争に突入する直前に製作され、寄贈された作者最晩年の作品である。「青陵の泉」の上で三人の学生が乱舞する巨大像は、昭和四十年代初め頃に設置された。足元の泉水と共にデザインされ、存在感ある青年郷愁像である。

　画家・菊畑茂久馬氏は、「良ちゃんの、こんな立派な像が大学構内の、桜吹雪が舞う中に建っているとは、知らなかった」と懐旧し、友としての温かな心境を新聞に寄せていた。十数年前の新聞記事である。

　旧制高校跡の大学教養部の庭の桜並木は、周辺の春の風物詩だったが地下鉄工事で消えた。かつては檜原桜の存廃で市長の心を動かした二番煎じはならず、大半は伐採されてしまった。校舎はやがて移転するが、像の行く末だけは多少気がかりである。

【周辺スケッチ】西公園口の大鳥居を過ぎ、緩やかな坂の脇道、枯葉敷く鬱蒼とした落葉の斜面を踏み入ると、頭上が拓けた眼前に巨大立像がある。中央区今泉公園の大隈言道文学碑の向かいにも、大正から昭和にかけ俳句で革新を貫いた吉岡禅寺洞《ぜんじどう》の句を刻む、安永作のユニークな記念碑がある。

平野國臣立像

幕末黒田藩の非情

▽西公園、桜坂二丁目

【加藤司書の時代と史蹟】加藤司書は、幕末黒田藩の重臣である。勤皇・佐幕動乱の渦中、藩主の政治判断で勤皇派要人として切腹を命じられた。

博多区の自刃の場所や墓所のほか、福岡城前（旧・上ノ橋）の屋敷跡、西公園山頂史碑、さらに桜坂に残る加藤下屋敷跡など、これらを丹念に訪ねるには、相当の距離と時間を要する。明治十年当時、海の中道に頭山満らが講学練武のために設けた向浜塾の土地は、藩家老加藤司書の土地が、明治維新によって県有地になった、その跡地である。

まずは加藤司書の時代背景をみる。黒田藩は関ヶ原合戦で東軍・徳川の勝利により、筑前五十二万石の太守になり、慶長五年に豊前から筑前に入る。それ以前の筑前領主は小早川秀秋で、彼は関ヶ原の戦功で備前、備中、美作七十二万石を拝領し転封した。筑前の居城

・名島城を去ったあとに黒田が入るが、黒田は名島城の地勢が不満で、新たに福岡城を築城した。城の名も父祖の地・備前福岡に因んで名づけ、以後十二代二七〇年余の歴史を刻んだ。

さて、幕末黒田藩十一代藩主は黒田長溥である。嘉永六（一八五三）年、ペリー来航による幕府への衝撃は空前絶後であったが、長溥は開明藩主の評も高く、当時の幕府諸侯の中では海外の事情にも高い見識を持った。幕府は危急存亡の今、特に諸大名に諮問を繰り返し、一方で拒否打ち払い、他方で少数ながら開国を述べる者と常に意見は割れた。当の長溥は諸大名の中でも卓見を述べている。「道は二者択一だが利害得失を天秤にすれば、拒否打ち払いで外国と戦端を招く国家危急より、外国と多少の異文化摩擦があっても開国の方が小害」と主張した。まさに開明論者で、幕府もやがてその方向に動いたことは歴史が物語る。

このような国内政情の中、黒田藩も多くの尊攘志士を出し、その極めつけが平野國臣であった。彼らの輿《よ》望《ぼう》を担う藩主・長溥の本音は「尊皇忠幕」であったという。当時の進歩的諸大名は公武合体が本音で、倒幕意識はなかったという。やがて藩主は尊攘浪士とは路線が異なり、平野は福岡で牢入りとなる。

京都で長州尊攘派の騒乱も起こる。八・一八政変（一八六三年）以後は長州が失脚し、長州で隠棲の三条実美《さねとみ》ら五卿は長州から大宰府に下る。平野を頼りにするがこの後、平野は追い詰められた状態で生野の変で刑死する。慶応元（一八六五）年の十月、福岡藩で勤皇派の大粛清・乙丑《いっちゅう》の獄が起きた。佐幕派主導で勤王派は一網打尽で監禁され、馬廻組・鷹取養巴《ようは》や月形洗蔵ら十四名が桝木屋《ますごや》で斬罪処分、翌日は家老の加藤司書、大組・衣非《いび》茂記、建部武彦ら七名が切腹、他に勤皇歌人の野村望東尼《もとに》らも流刑と、総数一四〇名が処分された。これが加藤司書をめぐる黒田藩による断罪乙丑の獄で、時代の流れであった。

加藤司書断罪については、藩主・黒田長溥の感情的な逸話も伝わる。実状は今でも不明だが、当時の黒田藩内は時代の風が吹き荒れ、勤王派・佐幕派が対立し騒乱事件もしばしば起こった。その黒幕が加藤司書だという佐幕側の喧伝は激しく、勤皇派の黒幕の引責が断罪の大義とされた。「藩主長溥は犬鳴別館（現・宮若市）に身を移してもらい、後継に伊勢藤堂家から迎えた長溥の養子・慶賛《よしすけ》を据えようと画策している」という風評が、周囲から長溥の耳に入ったという。これに激怒した末の、黒幕・司書の切腹追い込みという話である。真偽は今となっても不明だが、この粛殺で藩は多くの人材を失う。

直後、慶応三（一八六七）年に徳川慶喜の大政奉還から王政復古になり、今度は司書と対立した佐幕派家老三人が、返す刀で切腹を迫られた。藩の安寧を願って藩内の極端を切り捨て、再び返す刀でその反対を切り捨てた藩主の挙動は、時勢を見誤った藩の狼狽だったとの酷評もある。しかし大局的に長溥は、やはり時勢を見る目があったというのが常識的評価という。後に藩が優秀な人材を積極的に海外に出した見識、金子堅太郎・栗野慎一郎らの海外派遣がそうだという。崇福寺藤水門内の黒田墓所の藩主墓前に建つ灯籠は、金子らが藩と藩主に対する謝恩で献上したものという。

【周辺スケッチ】 司書の墓所は博多区で紹介した。その他の司書由縁の場所は、福岡城祉前や西公園、西南山中の桜坂付近屋敷跡など多方面に残る。

亀井南冥一族の墓所

▽地行二丁目

【藩西学問所・甘棠館由縁】 浄満寺は塵即《じんそく》山と称す浄土真宗本願寺派の寺である。天正元（一五七三）年、春吉村（現・博多区春吉）に創建され唐人町に移転し、元禄九（一六九六）年、現在地に移った。亀井南冥一族の墓十三基があり、寺社は福岡県文化財である。

南冥は姪浜村生まれで、名は魯・字は道載と称し後に南冥と号す。西区姪浜《めいのはま》六に「亀井南冥誕生の地」標識がある。父・聴因は、当時清新とされた荻生《おぎゅう》徂徠《そらい》学に親しむ医者であり、南冥は幼児期に詩文を学び、十三歳で肥前（佐賀）蓮池の徂徠《そらい》派の学僧大潮に入門した。医業を継ぐため十八歳で下関・永富独嘯菴《どくしょうあん》に師事、師の大坂開業に同行し門人となる。

福岡に二十歳で戻り、父を助け唐人町で医学・儒学の蜚英館《ひえいかん》を開く。年末に藩から相島《あいのしま》の朝鮮通信使接待使に選ばれ、のちの彼に大きな影響を与えた。大坂で

亀井南冥一族墓所・浄満寺

詩作した「東遊巻」を通信使に示した結果、一行から「日本の傑出した詩人」との評価を得て、学才と詩才が世間に広まる。

安永元（一七七二）年に妻帯し、翌年に長男・昭陽、翌年に次男・大壮が誕生した。その年、彼は門人と七カ月間南九州を行脚し、紀行文『南海紀行』を書いた。中の七言絶句が九州三絶（九州で三首の代表格）に選ばれた。一介の町医から三十五歳で藩医に抜擢され、十五人扶持士分となる。藩主黒田治之侍講《じこう》となり弟の曇栄《どんえい》も崇福寺住持になる。

黒田藩の血統は第六代で絶える。以後政治の実権は譜代重臣に移るが、泰平に慣れた家老の再教育と気風改革のため、主な家老は儒臣の竹田定良と亀井南冥を召し、藩の東西に藩教育学問所の設置を命じた。一つが竹田定良の大名町濠端学舎の東学問所、「修猷館」（旧・平和台野球場前）、別名東学を設置した。名の由来は中国周の成王が殷王の子孫の微子に詔した章句「践修厥猷」から命名された。今日の修猷館高校のはじめである。二つが亀井南冥の唐人町自宅横学舎・西学問所、西学甘棠館《かんとうかん》である。由来は、詩経の召南の章から撰名している。甘棠《こりんご》は小さい林檎のことをいい、周の召公が南方を巡幸した際、甘棠の下に宿泊したことに因むという。

藩が西と東を競わせる藩校を設立したことは、当時としては異色のことだが、真意は東西の学問所を競わせ、人材養成・士風刷新を狙った家老・久野外記の強い意向であった。儒学正統を誇る東学門所は、朱子学を信奉し「自分の説を唱えない」厳格主義教育で、他方の南冥西学門所は徂徠学で「激動する時世を見つめ自由討論の個性尊重」と著しく対照的な教育方針であった。しかし南冥は唐人町大火で甘棠館を焼失させる不幸に見舞われ、やがて二年後に甘棠館長も藩命で罷免された。諸国に名を馳せた甘棠館は僅か十四年で廃校となり、失意の南冥は隠宅の火事で、猛火のなかに端座して亡くなった。

亀井一族である照陽・大壮・大年の三子とその子供たちは学問に秀でた教育一家であった。甘棠館廃校後は、私塾百道《ももち》社を興し、幕末に亀井塾の名で多数の人材を輩出する。玄洋社の思想的な源流は亀井学派であり、頭山満・進藤喜平太の師は博多人参畑のババさん、女傑高場乱である。

亀井塾の流れの日田の広瀬淡窓「咸宜園《かんぎえん》」も、維新の逸材を多数輩出して亀井学派の功績は大きい。亀井一族の墓所が浄満寺である。

【周辺スケッチ】　天神町から西新町へ向かう大通りに面し、鳥飼八幡宮北向かいにある。古色蒼然とした寺門が通りに面し、奥に本堂の大屋根が見える。門前には歴史散策パネルがある。

平野國臣誕生地

▽今川一丁目

【平野神社と歌碑】　平野神社に銅像はない。彼の熱情の思いを残す有名な歌、

　我胸の燃ゆる思ひにくらぶれば烟ハ薄し桜島山

を刻んだ碑が建つ。

國臣は文政十一（一八二八）年、福岡藩武術師範の次男として地行《じぎょう》町に生まれた。父は藩足軽で、幼少から武芸に長け、杖術、捕術、縄術を研鑽し、藩士武芸師範を長く務めた。藩庁飛脚も兼ね、先方の土地で師範なども務め、往来は百数十回に及んだという。

國臣の母は賢明で、その勝気を承知し、常に静かに諭した。夫にも口調穏やかで静かに意見できる賢妻だった。國臣は母の布団にくるまりながら、百人一首の大半を五歳で暗誦したという。十一歳で父母を離れ、侍童（稚児小姓、小坊主）奉公し、十八歳で藩に仕官

平野國臣を祀った平野神社

國臣が詠んだ歌の歌碑

した。普請方《ふしんかた》手附（土木営繕）として、大風で壊れた大宰府天満宮楼門補修にあたった。この年に江戸藩勤番になり、以後の激しい生涯がはじまる。

國臣は和歌に長け、後に下関の廻船問屋白石正一郎に預けた柳行李《やなぎごおり》に数百の歌があったと伝わる。先の歌「燃ゆる思ひ……」などである。

國臣は江戸勤番の三年間で、自分の人生目標を定めた。生涯の見識はこの時の日本の国情を鏡にした。江戸末の徳川鎖国、英国によるアヘン戦争と東南アジア制圧、諸外国の通商要求など、幕府は混乱と焦燥の渦中にあった。國臣が獄入牢中に紙捻《こより》を筆代わりに書いた備忘録は有名だが、黒船叙述のカ所を「浦賀港に入り内海を犯す。江戸府中は狼狽」と書いている。

外国の脅威に国の威信を何も示せない様子に、國臣は苛立ちを表し、彼は国を憂う心をたぎらせた。自らが「国を思う臣」になると覚悟を決め、孔子の言を引き合いに「三十にしてこの国の臣として立つ」と決意し、国の臣・平野國臣と改名した。安政四（一八五七）年正月に養家の小金丸家を去って、実家・平野姓に戻った。

米国は安政三年、下田に駐日領事館を設置、総領事ハリスは江戸参府の親書を提出した。幕府は際限なく諸侯の意を問う一方で通商の不可避を説明した。しかし「条約締結は勅許」という旧弊慣行が依然重視され、老中堀田正睦《まさよし》は京に出向いても、勅許は実現できなかった。世情が騒然とした時代である。

自ら「国の臣」という烈々たる心境で改名し、さらにこの世情の窮地を脱するためには、開明藩主を擁する薩摩藩の奪起を渇望したが、斉彬の急死で回天の歯車は一気に止まった。薩摩にすべてをかけてきたその熱情が、次第に焦燥に変わる心境を詠んだ歌が、平野神社の歌碑である。

「国の臣たる者がこれほどまでに国を憂え、雄藩たる薩摩の決起を渇望したのに、何と薩摩は悠長、鈍感なことよ」という烈々たる思いの歌が、「我胸の燃ゆる思ひにくらぶれば烟は薄し桜島山」の本意だという。僅か一五〇年前の昔、平野國臣の国を思う情熱を、福岡で国の臣として存在をかけた由縁の神社がここである。「燃ゆる思い……」を恋の歌と誤解した笑い話にも遭遇したが、激しい時代の慨嘆の歌であることを、あらためて知ってほしい。

さて、國臣は「有職故実家《ゆうそくこじつ》」だった。彼が社会に出た第一歩が大宰府天満宮であったことと無縁ではない。平安時代の公家の宮中の作法、律令、典礼、年中行事、服装などの精通を「有職」といい、鎌倉から室町時代の武家の礼法、武具、服飾、調度などの精通を「故実」という。戦乱が減り武士の役目が衰退し、公武互いが一つになって「有職故実」と称した。彼は大宰府で菅原道真の研究を通じこれらを学んだとされ、さらに國臣は雅楽の竜笛、篳篥《ひちりき》、尺八、琴などにも熟達し、有職の素養全般の熟練者であったという。

【周辺スケッチ】 平野銅像は、大正四（一九一五）年に西公園に建立された。國臣の末妹の長男・田中雪窓作だが、太平洋戦争末期に金属供出された。昭和三十九年に西公園の坂道の左奥に、郷土の彫刻家・安永良徳氏が製作した大きな像が建っている。

平野國臣の葛藤

嘉永六（一八五三）年のペリー来航当時、米国は中国市場進出のために、太平洋を横断する汽船航路を確保するため、日本は中継地として不可欠だった。東インド艦隊司令官ペリーは派遣特使で、大統領国書を持って幕府に迫り、また露国使節プチャーチン艦隊も長崎に国書を持参した。その翌年、休む間なく再びペリー艦隊が江戸湾深く入った。黒船の勇姿が人心を威嚇し、幕府は依然優柔不断だった。ペリーは、汽車や有線電信などの文明利器を示し開国の利を強調し、「日米和親条約調印」に有形無形の圧力として効果があったと回顧している。

当時、薩摩の島津斉彬《なりあきら》の認識は「非常の人材を登用し、非常の措置をとる」といい、「将軍継嗣問題」と両輪で幕府改革を求めた。人材とは「水戸の一橋慶喜《よしのぶ》と福井藩主の松平慶永《よしなが》」であった。島津の秘策は一族の娘を将軍家定夫人とし、下工作を西郷隆盛に任せた。

「一橋擁立運動」に真っ向反対の彦根藩主井伊《いい》直弼《なおすけ》ら譜代大名は、井伊の大老就任によって反対派を一掃し、将軍継嗣は井伊路線の紀州徳川家茂《いえもち》（十二歳）となる。幕府は日米通商条約を調印し、以後各国（蘭、露、英、仏）と調印をすすめ激動が始まる。そんな折、将軍家定（三十五歳）と薩摩藩主斉彬（五十歳）が急逝した。体制側の攻撃「安政の大獄」が始まった。京都では井伊による処分を不当処罰と責め騒いで、まず「国内治平」を優先の「勅錠降《ちょくじょうこう》下《か》」をめざしていたが、斉彬の急逝ですべては停止し、目的を喪失した賢識者が続出する。西郷隆盛と僧・月照《げっしょう》の入水事件が好例である。

月照は朝廷と諸侯間の橋渡しを続け、斉彬の死去で殉死を急ぐ西郷すら諌めた人でもある。以後西郷は、月照の庇護を薩摩藩に頼むため下関まで同行し、その先は別人に頼む。月照はその後、大宰府や宝満山、箱崎八幡宮を巡り心を癒している。

月照の博多での寄宿先は目明し役

の下名嶋町（天神3丁目）の高橋屋平右衛門宅だったが、幕府探索方が博多に来ると急報が届き、急に居をかえた。藩主が斉彬から久光に代わり、月照の薩摩入国は一段と困難になった。斉彬時代の月照は島津家と縁深い近衛家の護持僧として働いたが、薩摩藩主が変わった今、事態は一変した。西郷と月照は覚悟を秘め、小宴後に共に入水し、西郷は蘇生し月照は死んだ。

　國臣の「倒幕論」の主題は、「幕藩体制終焉」を主眼にし、諸外国の相次ぐ来航には外交処理が肝要と考え、かねての持論、薩摩藩が連合の芯となり江戸に向うことを懇望した。文久一（一八六一）年の薩摩藩主への建白書「回天管見策」で、「封建制を終え日本を統一するには、雄藩薩摩藩が幕府滅亡に御英断を……」と懇望した。だが斉彬死後の薩摩藩は、倒幕より軟派の「公武一和運動」を目指す認識に変わり、國臣も藩主久光には「統一に力を……」と軟化せざるをえなかった。事実、斉彬時代と異なって國臣の倒幕論の真意が理解されるまでには、なお時代の経過が必要となった。

　建白書に対する薩摩の返事は、國臣の献策に触れず、「肥後境までお送り致す、委細は後刻」という大久保の伝言による無視となった。

　島津斉彬と平野國臣が互いに琴線を触れ合った新日本の胎動は、おおよそ方向を異にする流れで始まっていたのである。

境内を睨む仁王さん

▽今川二丁目

金龍寺門前

【益軒坐像と文人寓居跡】 もともと金龍寺は、怡土《いと》郡高祖《たかす》村（現・前原市高祖）にあった。現在、前原市にも金龍寺は残っている。永正五（一五〇八）年に、原田弘種が創建し、大祖山と号した。天正十五（一五八七）年に原田氏が肥後に移ってのち衰えた。

慶長十六（一六一一）年に黒田長政の家臣・高橋伊豆が壇越となり城下に移すべしといい、荒戸山（西公園）に寺地を得て移した。しかし慶安二（一六四九）年に藩主忠之が荒戸山に東照宮を建立するに及んで、鳥飼松原に寺を移させたという。慶安年中（一六四八―五三）に号を改め耕雲山と号した。

貝原益軒座像

曹洞宗金龍寺境内に、江戸時代の儒学者・貝原益軒の坐像や累代者墓所のほか、九大病院で闘病を続けた作家・倉《くら》田《た》百三《ひやくぞう》が家族三人で住んだ寓居跡（幼稚園跡）記念碑がある。益軒の像は、戦前の大正九年に建設され、太平洋戦争の金属供出で消滅し、戦後の経済復興で昭和四十年の益軒二五〇年忌で復元された。

益軒は寛永七（一六三〇）年、福岡城内の東邸で生れた。三代藩主黒田光之の命で『黒田家譜』『黒田家臣伝』『筑前国続風土記』などを書いた。父も城内に住み、祐筆役らしく一五〇石持ちで、祖父も播磨時代から黒田如水に仕え、黒田家の豊前入国や、筑前入国時の能吏として藩に仕えた。

益軒自身は三代の藩主に四十四年間仕えた。生来病弱であったが、八十五年の生涯をまっとうした。天命を保つ方法、健康増進の道を説いたのは有名である。儒学と自然科学を修め、次第に朱子学に疑問を呈する。益軒夫人の東軒は秋月藩の子女で、金龍寺では益軒の隣に並んで墓碑がある。

倉田百三が病気療養のため、妻と長男の三人で境内の益軒堂で一年余寓居したのは、九大耳鼻咽喉科の久保猪之吉博士を頼っての来福で、久保夫妻が福岡歌人仲間の中心人物であったことによる。

さて、山門の通路左右には金剛力士像が並ぶが、その顔の向きが一風異なる。通常、仁王は仏法妨害者が境内に侵入せぬように門外を睨んでいる。しかし金龍寺仁王は外ではなく境内を睨んでいる。由来は知らないが、外よりも内を睨んで良く治めるためという説がある。

外を見張るより身中の虫に気配りするのは、安穏・安泰の要諦だという。「金龍寺の仁王さんは、内向いて力《りき》んどる」という。その心は外より内に気を配る風情を意味するが、一方で「外柔内剛、外面優しく、うちには厳しい」という意味という。「外面《そとづら》は良いが、内面《うちづら》が悪い」とか「外では小さくなっているが、家では威張り散らす」など、悪評さまざまである。山門の仁王さんを通り過ぎ、境内からヒョイと振向くと、門から仁王さんが睨んでいるという按配である。外で子どもは怖いものなしでも、家に戻ると睨む親父が怖かったという昔語りだろうか、今の時代には理解しにくい話かもしれない。

【周辺スケッチ】唐人町から地行の鳥飼八幡を過ぎ、左路地を入れば金龍寺の道である。道の右手が寺地だが山門は南へ回りこんだ通りにある。広い駐車場敷地があるが、桜の下に旧幼稚園跡碑があり、そこが倉田百三が住んだ寓居跡という。

鳥飼八幡宮

▽今川二丁目

【神功皇后伝承の八幡宮】　創立年代は不詳という。神功皇后が三韓遠征から帰還し姪の浜に上陸のとき、土地の住人・鳥飼氏面々が夕膳を奉仕した。神功皇后は大変喜び土地の人と凱旋を祝ったという。のちに鳥飼氏の末裔が林の中に社殿を建て、皇后を若八幡に祀ったのが起こりという。現在の南当仁小の西方あたりといわれる。

鳥飼八幡宮は、樋井十村（柏原、檜原、上・下長尾、東油山、堤、片江、田島、荒江、鳥飼）にある若八幡の総社と崇められ、神領も多く社殿も立派であった。元弘三（一三三三）年に、菊池武時が鎮西探題の北条英時を攻め、鳥飼村は戦場になって全部焼失した。やがて、村民の努力で社殿を復活し、鳥飼氏の子孫は代々神官を務めたが、戦国時代に武事に奔った。鳥飼城は豪族・鳥飼氏の拠点で、戦国時代末期に大友氏に対抗し居館を置いたが、天正十四（一五八六）年六月十八日、御笠郡岩屋城主高橋紹運の夜討ちで落城し、神領も没収され一族は滅んだ。

この時、香椎宮司一族が神宮に招かれ、住んだ土地の名をとり「平山」と姓を改めた。以後、鳥飼八幡宮の神職に就く平山・山内両家は、その後裔である。

江戸時代になり、黒田長政が築城後、環境が良いことから、平山の松林に下屋敷を構え、慶長十三（一六〇八）年に社殿を現在地へ移転させた。藩主の都合で移転したいわくの社殿なので修理や寄進も多く、黒田藩時代は城下を東西に二分し、東の産土神を警固神社、西を鳥飼八幡宮とし、氏子も三千戸に及んだ。明治維新後、明治五（一八七二）年十一月に県社となり、終戦時まで周辺の四千二百戸が氏子であった。

鳥飼八幡宮本殿

唐津街道側の門

昭和二十（一九四五）年六月夜の福岡大空襲で、幣殿・拝殿・総門・社務所・絵馬殿・神楽殿・集会所・籠殿や宝物は灰燼に帰し、本殿と楼門のみが今に残った。由緒の鳥飼村平山の若八幡宮の地と推定される古宮跡（現・鳥飼二丁目）は、明治三十五（一九〇二）年に福岡県立女子師範学校建設工事で跡地として発見され、大正十一（一九二二）年の皇后行啓地となった。記念碑「神功皇后御駐輦之跡」が建つ。祭神は「応神天皇・神功皇后・玉依姫命」の三神である。神社内の由緒、由来などを紹介しよう。

境内に御供苞《ごくつと》の碑がある。創建の縁起で十二月四日に宮座で行われ、神功皇后に献上した御饌を伝える。糯米《うるちまい》を蒸し円形に盛り上げ、藁苞《わらつと》に包んだもので、一種の収穫祭儀式である。かつては特殊な神饌《しんせん》があり、内容も「御供苞・鏡餅・撒き餅・御膳御供・ホテ刺し御供・懸鯛・幣《へい》奉供《ほぐり》」の七種と御酒、饌米という内容であったが、昭和四十七年に神饌調整に廃止された。

黒殿社は境内社で、武内宿弥《たけうちのすくね》と鳥飼氏代々の人を祀っている。菅原神社は元は大濠の西北岸にあったが、大正十五（一九二六）年の大濠水上公園整備の埋め立ての際、境内に移され菅原道真公を祀る。

境内隅に柔道場・振武館がある。明治初期には名士・山座円次郎なども通った。

また、ここは手水《ちょうず》の作法をパネルで丁寧に説明している。

【周辺スケッチ】 天神から西へ向う201号線の地行交差点先の塀に囲まれた高台にある。この付近には、金龍寺や亀井南冥の墓がある浄満寺もある。鳥飼八幡宮境内の南通りは、昔の唐津街道旧道で、神社の門前にその雰囲気が今も残る。中野正剛が三歳以後過ごした旧居跡が唐津街道沿いにある。秋には境内に九州場所の相撲部屋ができる。

中野正剛の略伝

▽今川二丁目

彼の評伝や文献は多く、昭和激動期に郷土福岡では、廣田弘毅の寡黙と並んで、片や舌鋒激しい反骨・悲劇の熱血政治家であった。

明治十九（一八八六）年、福岡市西湊町（現・荒戸町）中野家の長男として誕生する。家は代々黒田藩御《お》船方《ふなかた》禄高三〇石ほどの軽輩士族、役目柄で福岡港の船《ふな》溜《だまり》湊町が生家であった。父の代に分家し鳥飼八幡宮近く、西町四十六番地（現・今川二丁目）に転居し、質屋（入船屋）が家業であった。少年時代は当仁小学校から福岡師範附属小学校高等科と中学修猷館に学び、修猷館四年生のとき、正剛と改名して上京、早稲田大学に入学、明治四十二年に政治経済学科を卒業した。

卒業後の活躍は、「日報社・東京朝日新聞社・大阪朝日新聞社」などマスコミで健筆を発揮し、「朝野の政治家・対岸の火災・明治民権史論」（大正二年）を

【舌鋒激しく生きた政治家】 正剛の政治演説は、一種カリスマ性を帯びた雰囲気があったという。昭和十五（一九四〇）年以後、東條英機首相を常に批判し続けたことはご存知の通りである。東條を軸とする内閣打倒を主張し、「戦時宰相論」を世に問うて東條の逆鱗に触れ、憲兵隊に取り調べられる。取り調べ後に東京渋谷、代々木の自宅に帰るが、心中期するものあって昭和十八年十月二日午前零時、割腹自殺した。享年五十七歳、終戦二年前のことである。

中野正剛像と緒方竹虎が揮毫した碑

中野正剛旧家跡碑

連載し、注目をあつめやがて政界に出た。

ジャーナリスト時代は特派員として、郷土の大物・頭山満の一行と中国や満州・朝鮮を歴訪した。大正六年に福岡から総選挙に出馬、一名定員中、政友会系の電力王・松永安左衛門や修猷館同窓の宮川一貫ら三人と争い、松永らに敗れた。三年後再び選挙に出馬し、九州電気協会会長で財界の後ろ盾を持つ松永との一騎打ちに勝った。直接国税三円以上の納税が選挙資格の時代である。

当初は無所属当選の一匹狼で少数党に属したが、力不足を実感し憲政会に入党、後に政友会総裁・田中義一が絡む陸軍機密費事件で世間の耳目を集めた。そのころ、左足手術に失敗し隻脚となった。

昭和十二年の総選挙で「東方会」公認二十名中の十二名が当選、東方会会長となる。主張は「全体主義に則り、階級的特権と階級闘争を排除すべし」であった。昭和十六年に東條内閣が発足し、十二月の太平洋戦争突入で中野の全体主義単一政党の夢は、東條内閣の独走で挫折し、ひたすら反骨に活路を求めた。中野の主張・言動は、東條内閣に対する「造言蜚語《ぞうげんひご》」の疑いがあると、東方会同志団体は行政検束された。ときの政権党首に睨まれた彼は、監視の憲兵とともに一旦自宅に帰るが、その深夜遺書を残して自刃した。子息泰雄氏に残した唐詩人の色紙「千里の目を窮めんと欲し、更に一層の楼に上がる」が遺言となった。

中野正剛立像は鳥飼八幡宮に隣接して建ち、碑石揮毫の一人は緒方竹虎、もう一人は正剛秘書の元福岡市長・進藤一馬である。

【周辺スケッチ】 立像は今川二丁目大通りに面した鳥飼八幡宮の西寄りにある。なお、正剛が三歳以後に住んだ旧家跡碑が鳥飼八幡宮の旧唐津街道沿い門前に建っている。また、誕生以来しばらく住んだ旧西湊町御船方時代の旧家跡（現・荒戸一丁目）は、現在も健在で美容室と時計店に挟まれた白いモルタル壁の家である。このあたりが旧御船方役人の居宅旧地という。旧居は中野家の貸家となって以来、縁故の方が住まわれ、玄関表から上がり框《かまち》周囲の壁には、正剛時代を回顧させる思潮文や讃文が所狭しと飾られ、隠れた資料館の風がある。不躾に訪問しながら、幸い快くお許しがあったが、個人宅であり自由に出入りできる場ではない。

正剛の生きざま

政治家の数ある演説でも、正剛の演説はカリスマ性を帯びた声の張りと、余韻を漂わせる話術で、演説テープですら聴く者を引き込まずにおかない。昭和十五年ごろの東條首相に肉薄する弁舌は今も臨場感がある。東條内閣に激しく対立し、その政権打倒を標榜し、「戦時宰相論」を世に問い、ために東條の逆鱗に触れ憲兵隊取り調べ後に解放されるも、東京渋谷・代々木の自宅に帰宅した深更、昭和十八年十月二日午前零時に割腹自殺した。享年五十七歳であった。

「今日の彼の評伝は大半は彼と身近く接した人のものが多く、歴史的客観分析は今少し吟味時間が必要だ」（室潔著『東條打つべし』朝日新聞社刊）という識者の言があるが、昭和激動の時代、郷土福岡で廣田弘毅の寡黙と反対の、舌鋒するどい反骨の熱血政治家だった。既に多くの文献で彼の軌跡は語られているが、自らの信念昇華、潔さと頑固さ、直情的な頑《かたく》なさ、そして自裁で求めた真意は何だったのだろうか。「三つ子の魂」という、人間の断ちがたい、育ちの気性が急がせた矜持《きょうじ》だったのだろうか。そんな斜《はす》の視点で再考した。

小説『坊ちゃん』のなかの「親譲りの無鉄砲で子供の時から損ばかり」という描写そのままに、親譲りでもないが無鉄砲で損ばかり、あげくに短気な喧嘩決着という正剛の性分は、何やら風土の気風が育てた度し難い気性の澱《おり》のような気もする。節を曲げず筋を通す性質は彼の魅力、特徴だが、それは青年期以後の身上でもあった。彼は喧嘩に強く、相手が強いほど刃向かい倒すことに快哉した。信条を裏切らず強者と対決し、信念の下なら損でも立ち向かう気風があった。中学修猷館時代「玄南会」を発起し、投稿、集会の傍ら軟派連中を柔道場振武館に連れ込み、鉄拳制裁をして学校に処断された。緒方竹虎も中野の同志だった。

明治四十二年、早大卒業記念柔道

大会では、当時知らぬ者がない柔道界最強「徳三宝《とくさんぼう》」に、誰も予測しない結果で中野は勝利した。中野が損を承知で無鉄砲に強者に立ち向かい、突貫する彼の明快で過剰気味な行動は、周囲を強く魅了した。世間はひたむきで激しい彼の行動を称揚し、彼も「信条に生きれば理解が得られる」と信じきったあまりに、別の回路を思いつかなかったのだろうか。

短兵急な性向は周りへの慎重な打算を忘れさせ、強者に打ちかつ彼流の愉悦ばかりを真剣に求めた結果ではなかったかと、ふと思ってみた。

政治家・清瀬一郎氏はかつて中野正剛の行動に対し、「君はいつもオードブルか、精々スープまでで卓を離れるが、今度はコーヒーを飲むまで辛抱したらどうか」と忠告したという。滋味ある苦言だが、その忠告を聞く耳を彼は持てなかった。

家は代々黒田藩御船方で禄高三〇石ほどの軽輩士族の役目柄、福岡港船溜の湊町が生家（現荒戸町）であることはすでに紹介した。少年時代は当仁小から、青年期には中学修猷館で学び、正剛に改名して上京し、明治四十二年に早稲田大学政治経済学科を卒業した。卒業後の活躍は、「中野正剛の略伝」で詳述したので割愛するが、郷土の大物頭山満らとの中国や満州・朝鮮の歴訪で時代認識を深めたと思われる。

大正六年、福岡から総選挙出馬以後の波乱を経て、やがて政治に傾倒していくことになる。昭和十二年の総選挙で勝利し東方会会長となる。昭和十六年十二月に太平洋戦争に突入するや、中野は、東條を標的としながら自刃で果てた。

のちに緒方竹虎が「正剛の心の軌跡は読み取れなかった」と語ったが、信念に奉じる人間の通弊、「寄りつき難さ」を周囲に漂わせたのだろう。

自刃の際、子息泰雄へ唐詩人の色紙「千里の目を窮めんと欲し、更に一層の楼に上がる」を残したが、それも短兵急に「何もかも終わりだー！」と、コーヒーを待たずに席を離れる癖の性急の極致だったのか。清瀬の「辛抱を……」が聞けなかった頑固者の面目だったのか。そんなことを改めて考えさせる郷土人である。

お綱の怨念慰霊

▽大手門一丁目

【お綱大明神（長宮院跡）】 お綱伝承に登場する箱崎馬出居宅は、近習目付・浅野四郎左衛門の下屋敷で、本宅は大名町にあった。

真光院（糸島郡二丈町）にあるお綱供養堂

藩主忠之が側室に召し出そうとした芸者・釆女の身請は、家老の反対で実現できず、芸者の受け鉢が四郎左衛門に廻った。殿様の下げ渡し芸者が本宅住まいで、お綱は本妻でも下屋敷住まいになる。下屋敷の本妻に対する、四郎左門衛門の薄情な仕打ちに忍従の糸が切れたお綱は、馬出から薙刀を抱え素足で大名の本宅へと駆け込んだという。本宅へ駆け込んだお綱は留守居の近習に切りつけられ、夫の不在を知るやせめて夫に一太刀と、城内東御門から扇坂へ乗り込んだ。しかし衛士に遮られ、東御門を血に染め悶死した。以来、血染めの門柱に血が流れ、柱にさわると祟りで病に落ちるという「お綱門」と恐れられた。お綱の怨霊で、夫・四郎左衛門も芸者釆女も共に狂死したという。

後世、その門は近在の簀子《すのこ》町長宮院の寺門に移され、慰霊のお綱大明神を祀ったが、昭和二十（一九四五）年の福岡大空襲で焼失した。その場所が現在の家庭裁判所である。長宮院焼失後、大明神は大手町の真光院に、お綱の墓は箱崎馬出《まいだし》の芭蕉枯野塚に並んで祀られた。大手町の真光院はその後移転し、現在は二丈町深江（糸島郡）に近い、今宿バイパス沿い丘の上にある。

長宮院由来に触れる。院の旧地は士分者の宅地だったが、凶宅の卦が出て住む人が絶え廃屋となった。寛永年間（一六二四―四四）に肥後の真言僧・清識が、この空き家に寺創建を藩主・忠之に願い出て許され、観音堂を建て庵に住んだのがはじめという。

お綱供養堂のなかのお綱親子地蔵

休日の史跡探訪で大勢が家庭裁判所門内に紛れこむと、無断侵入者は何者と、日直の職員に遠慮がちに尋ねられることも多い。当方は高齢者多数で動じる気配もなく、ソツなく応接して大方無事である。お綱説話は数百年昔の夫婦の悲劇話だが、由縁の場所が今も夫婦の悩みも裁く家庭裁判所とは、奇しくも不思議な巡り合わせに思えてならない。

【周辺スケッチ】天神町から西の平和台陸上競技場坂道手前の「大手門」に家庭裁判所がある。二代目藩主忠之は、治世中多くの逸話を残した殿様だが、有益で多彩な仕事も多く残しながら、破天荒の気配もあったことが見える。その昔、長政はこの忠之の性格を危ぶんだという話もうなずける。

浄念寺と供養塔

▽大手門二丁目

【空誉説話と享保大飢饉】浄念寺は、慶長年間に桂空《けいくう》舜道《しゅんどう》が黒田長政から寺地を賜わり創建・開山した海龍山清照院と号す浄土宗寺である。この寺と大長寺は元来、国中の西山派浄土宗の法令を司る寺であった。黒田二代藩主忠之に因んだ話から入る。鷹狩帰途に薬院の安養院で休息した忠之は、接待の小姓秀之丞を気に入り、城の小姓に召し出そうとした。住職の空誉《くうえい》は承知せず、諦めきれずに身元を調べれば、実は若い娘小姓とわかった。気性の激しい忠之は激怒し、空誉を破戒の罪で残酷に責め殺した。その上で寺小姓を側室「お秀之方」にした。その側室に空誉の怨霊がとりついた後日譚である。

　空誉の遺骸は、弟子舜道《しゅんどう》が浄念寺に葬り墓を建てた。空誉が処刑された那珂川の「原の釜責め跡」は、草も生えず明治になって知事公舎が建った。知事は敷

浄念寺入口

地内に空誉慰霊の小祠を建てたと伝わる。空誉処刑には別説もある。黒田藩の後藤又兵衛出奔の因縁話もあるが、別で紹介する。

浄念寺に、享保大飢饉餓死者の供養塔がある。享保の大飢饉は凶作が主因だが、第八代将軍徳川吉宗時世の史実である。全国の餓死者二六四万人、福岡藩三六万人中三分の一の一〇万人余の餓死者がでた。地蔵尊の数の多さは悲劇の数の多さともいう。東中洲の「飢人地蔵尊」は、今もなお博多町内の人々が供養日を大切に守り、八月二十三、二十四日の慰霊日には由来を知る人々のお参りが続く。飢饉当時、福岡藩は荒津の浜に「お救い小屋」を設け、少しでも粥を与え、それを求める人が押し寄せたという。荒津浜のお救い小屋へ行こうと「手をつんなんごう、つんなんごう、荒津の浜まで、つんなんごう」と手をとりあい、口々に呟き歩くうち、倒れて餓死したと記録に残る。

餓死者の供養地蔵はこのほか市内に数多く残る。大博町、万行寺、千代町、下月隈、西福寺（勝馬）、祖原、野芥、今宿松原、徳正寺（今宿）や桜坂三丁目の飢人地蔵などがある。地行の円徳寺飢人地蔵（地行四丁目）は近くの地下から発掘された像という。さらに立江地蔵（唐人町三丁目）、味噌喰い地蔵（警固三丁目高台）、上町天満宮（今宿上町）、能古島の飢人地蔵など数えれば際限がない。後世の人々が餓死者を慰霊する場所は今も残るが、それでも時代とともに史実の風化は避けがたい。

【周辺スケッチ】 福岡城濠の北寄り、昭和通り大手門二丁目信号機付近に、浄念寺がある。境内に安養院住職の空譽を祀る「空譽堂」があり、享保大飢饉餓死者供養塔がある。

黒田如水夫人の寺

▽大手門三丁目

圓應寺《えんのうじ》は照福山顕光院と称する浄土宗寺である。寺の開基である見道和尚はこの寺のほかに、豊前小倉の圓応寺、中津の周応寺、肥前唐津の教安寺を開基したという。荒戸山に東照宮を建立した際は、ここの寺に仮屋を建て一カ月ほど祀ったあと、荒戸山に移したという。そのことから、当時の鎮守とした。

圓應寺門前脇に、鏡のようにきれいなパネルがある。前に立てば、鏡に映る姿と由緒文を共に眺める雰囲気である。パネル全文を紹介する。

圓應寺

浄土宗圓應寺は、慶長七年（一六〇二年）四月　黒田如水公の夫人照福院殿が建立して圓應寺と号した。当時は照福山顕光院と号し、京都知恩院に属する。開基は天蓮社真譽上人見道和尚である。照福院殿は播州志方の城主櫛橋豊後野守伊定の娘で、天文二十二年（一五五二年）の生まれ。永禄十一年（一五六八年）十六歳で黒田孝高に嫁し長政を生んだ。戦国時代の武将の妻らしく前半生は波乱に満ちたものだったという。寛永四年（一六二七年）八月二十六日、七十五歳で福岡城で亡くなり照福院殿としてこの寺にまつられた。寺は昭和二十年の戦災にあい戦後の都市計画で墓地が道路と公園にかかったので照福院殿の墓は崇福寺に移された。寺内には昭和五十五年建立の供養塔がある。墓地は富禄武家の墓が多く、黒田節の作詞をした国学者二川相近《ふたがわすけちか》、黒田二十五騎の桐生丹波守、更には国士無双といわれた玄洋社頭山満翁の墓もある。黒田藩との関係から孝高《よしたか》公には本尊阿弥陀如来像（快慶作）長政公より月俸および白銀、忠之公から知行百石、継高公からは早良郡七隈村に二万二千坪の土地を拝領。寺宝として弁財天一体、大黒天一体がある。弁財天は弘法大師（空海）の直作で、大黒天は伝教大師（最澄）一刀三礼の彫刻という。現在の本堂、納骨堂等の伽藍は昭和

【二川相近・頭山満家墓所】

五十四年（一九七九年）の建立である。
平成四年（一九九二年）　第三十五世　圓譽代

【周辺スケッチ】　昭和通りと明治通りが荒戸町で合流する界隈の、昭和通東寄り大手門三丁目に寺門がある。空誉上人の浄念寺は三〇〇メートル西先である。本堂正面の扁額揮毫は元市長・進藤一馬の揮毫である。当寺が玄洋社頭山家累代の墓所でもあり、そんな因縁から玄洋社由縁者が扁額に揮毫したものと思われる。寺は二川相近家の墓所でもある。

黒田如水夫人が建立した圓應寺

玄洋社

▽舞鶴二丁目

【憂国の人々】　玄洋社は福岡だけでなく、日本の歴史上に大きな話題を投じ、明治から昭和期戦前にかけ、超国家主義の団体として脚光を浴びた。創立経緯と概要の前に、まず創立当時の時代の動きを見る。

幕末の黒田藩は勤王家臣を弾圧し、乙丑《いっちゅう》の変で幕府追従を選んだが、時代が大政奉還、王政復古、幕府追討と転変するや、今度は幕府擁護派の家老を処断し、朝廷・勤王派に転向し追討軍に部隊を送る。藩士族は維新で生活の糧を失う者も多く、薩長藩閥政治への反政府運動や、自由民権運動へと傾倒していく。福岡言葉で「ちんちくどん」や「谷わくろう」と揶揄《やゆ》された下級武士に反骨の気概が育った。

維新で敗れた西郷隆盛・江藤新平・板垣退助・後藤象二郎らが下野の後に、福岡でも反政府運動に火がつく。明治九（一八七六）年の熊本神風連に連動した

玄洋ビル。玄洋社記念館は平成20年５月に閉館した

「秋月の乱」や、遠く離れた「萩の乱」への加担と失敗、続く明治十年の西南戦争では西郷軍決起に呼応し「福岡の変」をもくろむが、再び失敗し多数の殉難者を出した。平尾霊園に彼らの殉難者慰霊碑がある。

　力による革命の虚しさ、粗雑さを悟った旧藩士族達は、言論輿論《よろん》で新政府の樹立を目指し、板垣退助や後藤象二郎の自由民権運動へ関心をうつした。国力未熟な日本を狙う外国の横暴さに気づき、民権の前にまず国権の充実が重要と外国に敵愾心を燃やした。国権派を自負し超国家主義団体の勢いが助長される時代の到来である。

　玄洋社の創立は明治十二年十二月、向陽社を既に発足していた向陽社の首脳・箱田六輔・頭山満・平岡浩太郎・進藤喜平太らが名を玄洋社と改名し旗揚げした。

　初代社長の平岡浩太郎は、五十六歳で博多対馬小路で病死した。今日では、平岡、箱田、頭山の三人を玄洋社の三傑という。

　昭和二十（一九四五）年六月の福岡大空襲で、西職人町（現・舞鶴二丁目）玄洋社屋は焼失、敗戦後の昭和二十一年一月に連合軍総司令部から財産・文書一切を没収され解散・消滅した。創立以来、維新後の近代日本の裏舞台で活躍したが、戦後はその名も影が薄くなった。

　敗戦後から遠く時代を経た今、アジアの解放を先駆けて唱えた玄洋社の思想・行動は再顧の価値があるという人もいる。屈辱外交に抗し大隈外相に爆弾を投げ、自刃した玄洋社壮士・来島恒喜は、当の内閣を倒し日清・日露戦争にも深く関与し、孫文の辛亥革命を援助し続けたという。

アジア解放を主張し、多くの亡命者を援助したことで頭山の活動は名をあげた。玄洋社の流れを汲む逸材に山座円次郎、廣田弘毅、中野正剛、緒方竹虎の名がある。

玄洋社は明治二十九年に附属武道場を敷地に設けたが、由来は福岡の変で斃れた越智や武部ら同志が、海の中道《なかみち》に開墾社（向浜塾）を設け、松林伐採で得た資金で読書と練武に励み、その時に宮川太一郎が藩伝承「自剛天真流柔道」を教授したのが始まりという。これを後世に残すため道場を建て「明道館」とし、玄洋社育英事業で運営した。

かつての玄洋社記念館の様子。所蔵品は福岡市博物館へ寄託された

明道館の碑は崇福寺境内の玄洋社墓地にある。終戦で一時途絶えたが、昭和二十五年に仮道場が設置され、二十七年に財団法人明道会を発起、初代理事長に安川第五郎氏が就いた。昭和三十六年、赤坂一丁目に道場が落成して現在に至っている。

【周辺スケッチ】「玄洋社記念館」は、舞鶴二丁目「あいれふ」ビルの向い側「玄洋ビル」のなかにあった。アパート風の三階建てで、佇まいは目立たないが中身は時代を凝縮した空間であったが、平成二十年五月に閉館した。
玄洋社ゆかりの崇福寺墓地には、高場乱の墓碑もある。意外に知られていないが幕末の傑人・勝海舟は、この高場乱の墓碑銘を揮毫している。幕末の遺臣ともいうべき人が、玄洋社由縁の人の墓碑に揮毫している事実も発見ものである。

玄洋社と頭山満たち

筑前玄洋社を語るとき、明治から昭和にかけて在野の国士といわれ、そのシンボルとして語られるのが頭山満である。

彼を評し「国家主義者・政界の黒幕・大アジア主義を唱え、大陸進出で暗躍した右翼の巨魁」などと紹介される。しかしその死後（昭和十九〈一九四四〉年十月逝去）、特に戦後の評価は一転した。頭山が存命中の活動は、明治十年代の国内争乱時代で、西欧化趨勢のなかで、内政的には民権論を、対外的には西欧植民地主義に反対し、中国民族革命志士らと連携を強め、アジア復権のため活動した。中国の孫文やインドのボースの支援などである。頭山満の生涯をひとっ走り紹介する。

彼は安政二（一八五五）年、福岡の筒井家第四子・三男として誕生。名は乙次郎、のちに八郎から満と改名する。成人後の号を立雲といった。明治四（一八七一）年、十六歳のとき高場乱の塾に入る。入塾当時の彼の挙動に、塾頭・高場乱は、満少年が他の塾生にない特異な資質を認めていた。十九歳で頭山家の養子になる。明治八年に矯志《きょうし》社に加わり、翌年に西南諸叛乱の下で大久保利光暗殺、新政府転覆などの嫌疑で捕えられたが、明治十（一八七七）年に放免され、すぐ向浜塾を興した。次いで大久保亡き後に土佐の板垣と決起を図るが舞台は動かなかった。

明治十二年に向浜塾を閉じ向陽塾を興して、国会開設請願の筑前共愛同衆会を組織した。明治十四年に向陽塾を「玄洋社」に改称、ここから玄洋社時代となる。明治十八年に三十一歳で、妻・峰尾（十六歳）を迎えた。頭山が死ぬまで親交があった杉山茂丸とは、この頃に出会っている。晩年の彼の足跡を紹介する。

明治二十年、「福陵新聞」を創刊し、一八八九年大隈外相の条約改正に反対し、当時の閣僚と反対論争をする。このとき、玄洋社の若い逸材・来島《くるしま》恒喜《つねき》は大隈の条約改正を阻止しようと、大隈に爆裂弾を投げ、結果的に条約改正は阻止される。来島恒喜も高場乱の恩育を受けた男であった。

明治三十年頃から中国・孫文と宮崎滔天の接触を契機に、頭山満や犬養毅らと中国革命志士との連携が始まる。中国・辛亥革命の勃発に際し、頭山、犬養らは明治四十四年に中国に渡る。大正二（一九一三）年に革命に失敗し、日本に亡命中の孫文を隣家に住まわせるなどの支援をしている。

また大正四年には、インド独立運動の志士・ボースが日本に亡命中、保護の手を差し伸べるなど、常にアジアとの連携を主唱した。昭和十年には、頭山と杉山茂丸の互いの親交・五〇年祝賀会が行われたが、杉山茂丸と頭山とは肝胆相照らす仲であった事がこれでわかる。

珍しい話だが、当時の世相で、西欧との交流よりアジア同士の友好を信奉した人物に、勝海舟がいたという挿話は面白い。明治政府は、西欧と誼《よし》みをもつべく路線を敷いた。維新の三傑、西郷・大久保・木戸は相前後してその生涯を終えたが、三傑と同時代を生きた勝海舟は、幕末騒乱期からさらに明治三十年代まで生きている。海舟は「日本はアジアと意気を通じるべきで、西欧と誼《よしみ》を通じるべきでない」と常に言ったという。その世界観は、頭山たちのアジアと連携を目指した先覚者の一人であった。

高場塾に入った頃の少年・満に高場乱は、その態度・気風に並みでない豪胆さを認めていた。荒っぽい塾で新米の少年は、恰好のおもちゃに見立てられ、周囲はその機会を常に狙った。しかし新米は一向に動じる風もなく平然としていた。生まれついての気風であった。後年彼自身の述懐に「何事にも無頓着で、一向に物事が気にならん」といっている。その泰然自若が風貌になった。現代でも、どんなピンチでも顔色が変わらず、態度も平然と振舞う豪胆風な人はいる。生まれつきのものとしか言いようがない。

豪胆さでは高場乱の回顧談がある。玄洋社中での筆頭は進藤喜平太であったという逸話である。

明治十年に「大久保切るべし」という塾の熱気から、頭山以下は投獄され全員激しい拷問に責められた。逆吊り、青竹殴打で肉はただれ、目はくぼみ、一様に無口となるなかで、一人平然と眉すら動かさぬ男がいた。拷問を免れたのかと思うほどだったが、やがて衣の下の素肌を見て一様に驚愕した。肌は破れ肉は裂け、拷問の激しさは歴然としてそこにあった。平然たる顔つきだった。この男が進藤喜平太である。本当の平然とはこういうことかと後の語り草となる。この男、のちに玄洋社社長になる男で、皆一様にその凄さに感じ入ったという。のちの福岡市長・進藤一馬氏の父である。息子の市長を知る人は、市長のその温厚篤実な風貌から、父譲りの激しいＤＮＡを継いでいるとは見えなかったという。しかし施政にかけられた気力は並々ではなかったと語り継がれている。

玄洋社に関する本は数も多いが、多読するほどに全体像は見えてくる。

頭山満の生家は、現在の西新四丁目（早良区）角あたりにあった。満が少年時代に庭に手植えした樹は、西新再開発の旧居移転で、西新三丁目の交番横に移され一叢の巨樹となって枝を高く広げている。

福岡城周辺遺構

▽赤坂二丁目

福岡城郭は戦国の倣いで四囲に濠と石垣を築いた。城地と峰続きの赤坂山、今の桜坂丘陵の間は濠づくりのため切り崩し、城の西は草香江の大きな濠があった。細い水路（黒門川）で海と結ばれ、東の土手に杉を植えて杉土手、大濠の北に松を植えて松土手の名がついた。

濠の北側、荒戸町、唐人町に面する濠端に「黒門」があった。城の東端から東へ真直ぐな堀が、天神アクロス南の緑地南端付近まで続き、薬院新川につながり、「中堀・肥前堀」と呼ばれた。濠は那珂川と大濠の水を循環させたが、今は東と南の濠はほとんど埋まり、城址北に細長い蓮の池が残る。中堀・肥前濠も昭和初期にかけ埋められた。城の本濠幅五四メートル（三十間）、深さ三・六メートル（二間）であった。

城内から肥前堀を東へ渡る門口に「赤坂門」があった。その赤坂門跡遺構表示が九電敷地の門扉壁の下に銅版で埋め込まれている。平成十七年ごろ、赤坂門と思われる遺構が、ビル工事の途中に新たに発掘された。現在は埋め戻されている。

城の北側濠は、明治四十三年の市電敷設で濠幅の半

明治通りの地下に保存された石垣

【地下石垣・肥前堀・赤坂門跡】　昭和三十年代に華やかだった平和台野球場は、黒田藩五十二万石の城跡であり、古くは大陸との交易拠点で栄えた鴻臚館跡地でもある。戦前・戦後を通じ周辺は様々な遍歴を辿った。都市化の影響で昔の面影はほとんどない。昭和通りが東西に走る南寄りに明治通りがあり、明治通りの堀割一帯が城址境になる。そばに旧藩由来の学校跡碑もある。

中央区

分近くを埋めたが、地下鉄工事中に地下に埋まっていた石垣が発見された。明治通りの赤坂から大手門までの途中に、堀端の歩道脇に土曜・日曜の昼間だけ、地下石垣が見学できる小さな出入口がある。

福岡城石垣工事は、黒田二十四騎の一人、野口佐助一成が工事奉行であった。大坂城や江戸城も築城した石積み名手といわれ、石は能古島、西区宮の浦、南区寺塚のほか、一部名島城からも運ばれたらしいが、定かではない。本丸を囲む石垣全長は、東西九一メートル、高さは東側一一メートル、西側六・四メートル、南北の長さ一六九メートル、高さは南一四メートル、北五・四メートルという。

【周辺スケッチ】一風変わった通り名の由来を紹介する。戦後誕生した復興大通りを「昭和通り」と、旧来の市街中心通り「明治通り」を南北につなぎ、すなわち昭和と明治をつなぐ語呂合わせで生まれたのが「大正通り」である。福岡城址の東端で、赤坂界隈を南北に抜ける通りである。戦後の国体開催でできた南の「国体道路」まで貫通している。戦後生まれの大通り二つが「大正通り」でつながるという話である。

緒方竹虎をしのぶ

▽赤坂二丁目

【福岡の傑人・緒方】緒方竹虎の祖父・大戸郁蔵は、文化十一（一八一四）年、備前岡山生まれで江戸で坪井信道にオランダ医学を学び、天保九（一八三八）年、大阪緒方洪庵の「適塾」（別称・北塾）で秀才を見込まれ、緒方家に入った。同じく養子の拙斎を助け塾を守った。そこで緒方姓を名乗ることになった。のちに彼は「独笑軒塾」を開き、北塾に対して南塾と呼ばれた。南北の緒方塾から福沢諭吉、大村益次郎など俊才を輩出し、日本近代化に大きく貢献した。郁蔵は三男一女の長女に婿養子を迎える。それが岡山から入門した道平、すなわち竹虎の父である。

道平はオーストラリアで研鑽をつみ、帰国後は内務省入りし、山形県書記官から福岡県書記官に転任した。竹虎三歳のときである。妻は婿養子である夫を良くたてたが、子どもには厳しかった。しかし生来快活でス

緒方竹虎旧居跡碑

ポーツ観戦も好み、立川飛行場では七十歳で複座機に搭乗したという。なにやら斎藤茂吉の奥さんの話に似た雰囲気もある。

子どもは男四人・女二人で、その三男が竹虎である。長男は七高・京大から中学教師となるが、三十五歳で若死する。姉は才媛で美人だったという。妹は福岡に来て間もなく亡くなっている。

次男・大蔵は東大医学部に入るが病気で実家に戻り、再び九大医学部に入り直して明治四十四（一九一一）年に卒業、当時の久保猪吉教授の耳鼻科に入った。性格はまじめで患者に丁寧であったが、臨床より研究向きと考え、生理学石原教授室に移る。のちに長崎医大教授から九大教授になる。三男が竹虎で、明治二十一年の山形市旅篭町生まれ、三歳で福岡に転居し本籍を福岡に移した。福岡師範付属小学校・修猷館から一橋高商に進む。しかし校風が肌に合わず、一年先輩の中野正剛に憧れ、政治志望から早稲田に入学し、卒業後も中野在職の朝日新聞社に入社する。

四男は、聖福寺に開設していた聖福寺病院長の緒方龍である。次男以下が象（蔵）、虎、龍の名を持つのも珍しい話である。

昭和十一（一九三六）年二月二十六日のいわゆる二・二六事件の逸話は竹虎の沈着冷静を語って有名である。戦局が逼迫し東條内閣が倒れた昭和十九年、竹虎は小磯内閣で国務大臣・情報局総裁に就任したが、大本営発表の欺瞞報道に立場上苦慮したという。

終戦直後は国情安定が多難なため、あえて皇族に人材を求める苦肉の策がとられ、東《ひがし》久邇宮《くにのみや》内閣が発足した。無条件降伏という未曾有の敗戦処理を、いかに国民の動揺少なく貫徹するかが問われ、そのためには皇族首班が唯一の選択とされた。その結果が東久邇宮内閣の発足であったと、五百旗頭真著の『占領期』

（講談社）に書かれている。

竹虎は公職追放令で一旦下野するが、昭和二十八年の追放解除で再び政治力を回復した。吉田茂を継ぎ自由党総裁になった。

当時、吉田内閣のご意見番であった古島一雄は、緒方に惚れ込んだ。「玉を蔵する山は、山全体が光りを放つが緒方はそんな男だ」と言った。

昭和三十年十月に自由党と民主党が保守合同し、第三次鳩山内閣が誕生し、つぎの総理路線は確実に緒方に敷かれていた。好事魔多しとはこのときであった。翌年一月二十八日、緒方は自宅で急性心臓衰弱であえなく六十七歳の生涯を終えた。福岡でやっと二人目の総理大臣の誕生が夢と潰えた日、地元の落胆は激しかった。末弟の聖福病院長・緒方龍は、竹虎死の前年に五十九歳で他界していたが、次兄・大蔵は病臥中に訃報を知り、落胆して半年後の七月に他界した。

近年、福岡はこのような逸材の登場が乏しく寂しい。かつては逸材がいたということに自信を回復したい思いである。緒方竹虎が幼くして山形から福岡に移り住み、幼年・少年・青年期を過ごした旧居跡を訪ねて彼を偲んだが、町の様変わりの激しさと、時勢の激変を思うと軌跡は消え入りそうである。ことさらに傑人探訪に力を入れた。

緒方家の菩提寺は博多聖福寺である。竹虎葬儀は同宗同派の芝高輪東禅寺、導師は鎌倉円覚寺朝日奈管長で、石井光次郎の指示だったと伝わる。

【周辺スケッチ】　緒方旧居跡碑は多分わかりづらい。東西に走る国体道路が警固町交差点で「大正通り」と交差する。交差点北西の路地角から少し北へ歩くと、高層マンション「赤坂シャンボール」がある。手前に駐車場があり、道路沿いに小さな旧居跡碑がある。今は碑の真後ろに古民家風の老舗・お茶の販売店の看板があり目印役を果たしている。

様変わりが激しい町のこと、目印の行く末はどうなるものか、その行方はわからない。

緒方が語る盟友の死
中野正剛

中野正剛の生き様にはすでに触れたが、中野を熟知する盟友の緒方が、中野自決後に語った回顧談は、今にして貴重な秘話である。そこには余人が知らない中野像が浮き彫りにされている。

中野没後十年目に出版された、緒方竹虎が語る『回想の緒方竹虎』（昭和三十四年、東京と福岡社刊）に収められている寄稿文から引用・要約した。

緒方と中野は福岡県が生んだ秀才の双璧である。緒方は天才鬼才というでなく、縦から見ても横から見ても常に真ん中に立つ、円満で偉大な常才者、中野は常に先端を駆け抜いた鬼才だ。

と、蘇峰こと徳富猪一郎は述懐している。

緒方は中学で一年先輩の中野を追って朝日新聞社に入社した。二・二六事件で青年将校が新聞社に乱入した当時の逸話は有名である。その青年将校との応接がのちの緒方の声望を高めた。緒方はたえず中野を郷里の先達と考え、特に若年時代の思い出に中野の内面をしっかり捉え述懐している。

緒方は東京に出ても長い間、中野と自炊生活を一緒にし、母親を九州に残す中野は、母の病気を知ると四六時中案じて、緒方にあれこれ相談した。緒方は、こう言えば安心するかと気休めを言ったと告白している。
中野の母は生来の病弱、次々と心配が中野を襲い際限がない。

緒方は中野の少年時代の親孝行、親を気遣う考えの基本に「真面目」を見届けていた。その真面目は後世の政治家としての生き方にも現れたと喝破する。

中野は故郷の母親を思い煩う真心を常に忘れなかったし、そんななか者らしく、息子の死を前に何の動揺も見せられなかったが、腹のなかは断腸の思いに違いないと緒方はみた。傑人頭山満も、中野の枕許にどっかりと座り、しばらくの間顔を中野の顔に接し、喰い入るように中野の額を見守ったという。中野に対する沈黙の別れ方であった。

郷里の老親に中野訃報をいかに伝うべきかは周囲の者の何よりの難問だった。骨肉者には荷が勝ちすぎるという哀願が満ちた。ほかならぬその役が緒方に任される破目になった。こんな辛い役目は経験もない。中野の親孝行同様に、母も子の健在を心頼みにしたことは明白であった。その母親に想像を超えた決意の自刃を、緒方自らが伝えるなど、辛さ以上の何ものでもなかった。しかし逡巡は許されず、意を決し覚悟して頭山満に同伴を頼んだという。

対座し老婆の顔を見つめ勇気を出して言った。

「中野君は昨日、今日の政府の政治のやり方、日本の現状をみて、耐えきれず腹を切って死にました。実に見事な最後でありました。お母さんはどうぞ一つ、気持ちをしっかりと持たれ、私らは今後どうにか場合によりお助けもできましょうから、お達者にお暮らし願いたい」

すると母親は一言、そうですかと言われただけだった。その際すぐ頭山が静かに言葉を添えた。

「正剛君は貴女の平常《ひごろ》の御教育がいいから、実に見事な最期を遂げた。での自決であった。当時、母はすでに八十歳近い老母で、親を思う心と心底から国を憂える心の葛藤は、友人緒方にも、よくぞの覚悟の果てに違いなかったと述懐させた。真面目さが極まったともいう。

政治に一命を賭けた中野の使命を、幼い頃からの友として緒方は十分に理解した。中野の項では割愛したが、自刃のあとで枕辺に弔問する人々の様子を、緒方は丁寧に語っている。

年老いた親に多くの思いを残したはずの正剛の気持ちと、遠くで子を案じたはずの母親の、互いの今の悲痛な思いは、もう交わることもなく、そのことを緒方は「現実は厳しすぎた」と述懐している。

中野の岳父・三宅雪嶺博士は哲学

これは実にお母さん、貴女の平素の御教育の結果だ。貴女は身体はお弱いが気持ちは強い方である。どうかこの先も身体に気をつけて、できるだけ長生きして頂きたい。それが正剛君の願いであると思う」

その声が今も耳に残ると緒方は回想している。当時の頭山の態度、言葉、それを受ける母親の顔色、態度が今でもハッキリと浮かぶ。中野の一番の真面目はその親孝行に出た。親思いの中野が年老いた母を残し自刃を決意した気持ちこそが、中野正剛のすべてを語っていると断言している。

前述の徳富蘇峰の回顧談に、中野に次ぐ緒方の死への回顧もある。

「中野と緒方は政見に互いに相当の意見はあったが、和して同ぜず、互いの意見を曲げず互いに交わった」と言う。

緒方は日本の復興は保守が担い、国会運営はルールを尊重し、多数党は少数党意見を尊重すべきと言い、今なお新鮮な響きの見識を示している。

緒方と中野の交友逸話だが、緒方旧居の小記念碑を前にし、ときを急がぬ気ままな時間のなかで名士を回想したが、心豊かな時であった。

中央区

赤坂門の新発掘遺構

▽赤坂

【発掘石垣と跡地風情】　偶然出会った発掘現場である。調査終了跡地に建ったビルの風景をも記録した。福岡城赤坂門跡の遺構らしい。

現場を見る限り石垣を幾重にも組んだ地下の様子が現れ、肥前堀が東へ向かう出口辺りと推測される。ビル竣工後は完全に埋め戻され巨大ビルの下になり、遺構は視野から消えた。発掘現場写真を含め、町の変化の手がかりを残した。発掘調整中の地下の石垣の様子は、埋め戻されて消える運命にある。この目で見た様子を残した。

赤坂門遺構発掘の様子（2005年４月）

現在は埋め戻され新しいビルが建っている

【周辺スケッチ】　市街地図では、丁目、番地を頼りに場所を探すほかはないが、遺構地は通りから城址東端境の小さな疎水沿いを南に歩いて、病院角を東に曲がる。大名二丁目の九電敷地に赤坂門跡遺跡標示があるが、そことも近い所在という関係で、新たな別の門遺構に間違いなさそうである。

福岡藩刑場跡

▽天神一丁目

【処刑場跡と公舎因縁話】　福岡藩刑場跡碑石は一切の説明文もなく、茶色の碑に「福岡藩刑場跡」の文字だけが刻まれている。天神中央公園にあるこの碑の周辺は一見して空き地の佇まいだ。

黒田二代藩主忠之が絡む伝承話がある。安養院の開基は、僧心譽という朝鮮全羅道香白山安養院の僧である。朝鮮文禄の戦いで長政の家臣に捕らわれて来日し、藩は還俗させようと妻帯させたが、三年間も妻を遠ざけ結局離縁した。藩も還俗を諦め、草庵を与える。朝鮮にいた当時の寺の名をとり安養院とした。のちに安養院の空譽和尚が小姓の召出し拒否で仕置される話はほかで紹介した。

もう一つの話がある。藩の家臣・後藤又兵衛は黒田藩を出奔後、浪人となり関ヶ原戦役で豊臣側に付き、又兵衛と実懇であった空譽上人が、黒田藩の命による又兵衛説得に失敗したため、藩主忠之が激怒し、空譽を残酷に処刑した場所がこの刑場跡という。以来ここは草も生えず、黒田家正統も六代継高で絶えた不幸も、上人の怨念と伝わった。

それから三〇〇年後、明治以後に知事公舎が建つが、昭和初期のある知事は相次ぐ怪事件に悩み、空誉上人伝承への慰霊を決断し上人祠を建設した。昭和四十年代まで歴代の知事も慰霊したという。知事公舎は昭和六十年ごろ別に移転し、跡地の祠に代わり慰霊碑となったのが現在の刑場碑である。

空誉上人は黒田藩祖・如水に招かれ中津から移り、如水の信は厚かった。関ヶ原が起こった慶長年間、現在の天神・水鏡天満宮近くの智福寺の住職であった。背中を裂かれそこに熱い鉛を注ぐという残酷な処刑は、慶長十六（一六一一）年、藩主・忠之の事跡という。これに絡む後藤又兵衛の余話を紹介する。

黒田家を出奔した又兵衛の行動は、十七世紀初頭では主君と従臣の不和からしばしば起こった話でもある。主君と不和になった従臣が実力行使で主家を退去するのは頻繁に起こった。特別に又兵衛だけの異端の振る

福岡藩刑場跡碑

舞いでもなかった。次第に力を蓄えた又兵衛は、従臣の身ながら主家を越えて他家と交流するようになる。豊前の大名・細川家との交流である。細川と黒田はかねて不仲の間で、藩は又兵衛に自重を求めたが、時代の潮流で又兵衛は一向に気に留めぬ風があった。豊前細川藩との剣悪加減を示すものに、黒田六端城が豊前細川藩に接して互いににらみあう姿で築城されていることでもわかる。犬猿の仲である。

時代の風潮も追い風になったか、ついに又兵衛は出奔した。黒田家は又兵衛を父祖の代に引き立てた恩顧に叛くという厳しい裁断をし、又兵衛の出奔は許しがたい行動と断じた。二代藩主・忠之は又兵衛出奔に異常な執着をみせ、又兵衛懇意の空誉上人を身代わりに残酷な処刑にしたという。

もろもろの怨念話を知り手を合わせる人も少なくない。福岡藩刑場跡には一切の説明碑文がなく、得体の知れない墓石が周辺に散在する。こわい話ゆえの粗末な扱いでもないと思うが、あまりに雑然としている。伝承と史跡はある程度丁寧な扱いがないと、訪ねる人への町の気遣い、やさしさ、文化成熟度の様子は見えない。後世の人々に心が伝わらない有様は、実のない史跡になって忘れられていくに違いない。

【周辺スケッチ】天神一丁目「アクロス福岡」の南に天神中央公園がある。公園南端の道路手前に数本の樹木がある。公園東は薬院新川が流れ、北の河口近くの水上公園先で那珂川と合流する。公園南端の道路沿いは済生会総合病院である。病院と鼻先の森の陰に刑場跡碑がある。病院のあたりは、昔の福岡城外の「肥前堀」にあたり、現市役所からイムズビル、そして西に向かい赤坂門まで堀が延びていた。地図を鳥瞰すれば、今の町並みの底に歴史の町筋が想像でき、探訪の楽しさも増す。

田原淳の偉業と旧居跡

▽天神二丁目

天神の雑踏のなか佇む田原淳旧居跡碑

【心臓の謎を解明した研究者・田原淳】　明治末から昭和初期にかけ、天神町界隈は九大医学部草創期の教授宅が集中した。伊東祐彦（小児科）、三宅速《はやお》（外科）、大西克知（眼科）、榊保三郎（精神科）、武谷広（内科）や田原淳（病理学）など多士済々である。余談だが、現在の九大フィルハーモニーは、榊保三郎教授の熱心な指導で生まれたことはよく知られている。

田原淳《すなお》は明治六（一八七三）年に大分県東国東郡の代々庄屋であった中嶋家に誕生した。彼は明治二十五年、十九歳で中津漢方医で西洋医学者の田原春塘《しゅんとう》の養子となる。養家・田原春塘の妻は、淳の母親サイの妹で叔母にあたる人だった。

明治三十五年、東京帝大医科卒業後、ドイツに私費留学した。マールブルグ大学の病理学者アショフ教授研究室に入る。そこで心臓メカニズムを研究、心臓組織顕微鏡の検査を三年続け、明治三十九年に「心臓は脳の命令を受けず、自らで動く心臓刺激伝導系である」と発見し、発表した。当時、日露戦争に勝利した日本は、世界から驚異の目が注がれる中、田原の研究も日本人の高い能力をさらに医学面で世界に再認識させた。

帰国後、田原は九大医学部の前身・京都帝国大学福岡医科大学教授に就任した。今も彼の業績は世界の解剖学・生理学専門書にあり、ノーベル賞に値する偉大な発見と評価されている。昭和二十七年に七十八歳で逝去した。

箱崎馬出の現・九大医学部付属病院の構内道路に、

他の顕彰者とともに博士の名を冠した「田原通」という構内路が近年誕生し、偉業を偲んでいる。田原博士旧居跡は史跡地扱いだが、市街地天神町の雑踏のなかでは、偉大な業績をすぐに理解できる話でもなく、せっかくの旧居史跡も影が薄い。

平成十五年当時、碑は通りに背を向けていたがその後改善され、全体が見やすくなった。しかし、雑踏のなかに変わりはなく、市街周辺の著名士顕彰碑は、時代を経るほどに次第に空疎な雰囲気が目立つ。先人の貴重な見識やその足跡の様子は漠然としか見えず、尋ねるたび、通り過ぎるごとにさびしい気がする。

福岡は幕末動乱期の史跡や古跡も多く、文化的関心や認識が薄い町でもないが、どこかうっかり気分の無頓着も気になる。

田原淳教授は、大学や専門家の中では十分な尊敬を受け、学術の世界でも広く知悉の学者だが、町中の雑踏のなかでは足を止めてみる場所や、平易で分かりやすい紹介碑文も乏しい。どうにも場違いな史跡という気配がある。

医学進歩のお蔭で、心臓にペースメーカーを抱く人は増え、田原博士研究で何よりも大きな恩恵を受ける人が増えた時代である。いわば命の恩人の史碑である。東北などの町に比べ、都会という名に気おされて、史跡への心遣いのきめ細かさに乏しい気がする。碑の前を通るたびにそう感じる。

【周辺スケッチ】　天神二丁目西通り警固公園・警固神社西向かいに記念碑がある。NTT天神ビル南東角の「田原淳旧居宅跡と業績の碑」である。旧町名は薬研町で、薬院堀端の南側横筋の町だった。薬研とは漢方薬種を砕き粉末にする金属製器具のことで、藩医や薬づくり師がこの付近に住んだ名残の町名である。

現・薬院の語源である薬草園も鴻臚館時代からあり、「施薬院（鴻臚館外国施設向け診療所）」があった。

一八六〇年ごろは周辺に四七〇～二五〇石の馬廻役人屋敷があり、大正時代は大工・左官・石工・庭園師など職人も多く、大学教授・弁護士・会社員も住んだ。今は商業域の雑踏で史碑もわかりづらい。

田原淳の若き日と晩年

田原が若き日に私費留学でドイツへ向かう船中で巡りあった、若き俊才たちの逸話を紹介する。

田原の渡航船中には、一年先輩の中山平次郎、東京美術学校出身の横山大観や菱田春草ら絵描き仲間がいた。中山平次郎三十歳、田原淳二十九歳、横山大観三十四歳、菱田春草二十八歳という青年たちは、備後丸一等航海士山脇武夫が語るギリシャ神話の星座解説に、西洋文明の大いさと深奥を実感したという。

ベルリンから、病理解剖研究が盛んなハンガリー・プラハに向かう中山と別れた田原は、ドイツ到着後、ドイツ語に不自由がないこともあって、ベルリン大学附属病院「シャリテ（慈善）」という有名な病院に入れば、医師として箔がつくのではないかと考えた。一方で基礎研究に実績を残したい意欲も強かった。そんなとき、偶然その町で、五歳年長の小久保恵作と出合う。明治三十四（一九〇一）年に私費留学し、ゲッチンゲン大学で博士号を取得した小久保恵作との出会いが、田原に新たな道を拓いた。

小久保はのちに陸軍医となるが、彼が指導を受けたのがルドヴィヒ・アショフだった。アショフは当時まだ講師だったが、小久保は彼の学識に深く敬服していた。小久保が語るアショフの人柄に田原は惹かれる。間もなくアショフはマールブルグ大学の主任教授になると知り、その大学には親友・石原誠もいた。石原は九大生理学教授に内定が決まっていた官費留学生で、マールブルグ大学の生理学教室フリードリヒ・シェンク教授下にいた。

田原は奇縁・奇遇に欣喜し、マールブルグ大学で学びたいとアショフに手紙を書いた。アショフの病理学教室着任は明治三十六（一九〇三）年四月一日、田原がその地に着いたのもその四月で、以来三年四カ月の、アショフと田原の師弟関係は始まった。アショフ三十七歳、田原三十歳の若い師弟であった。明治三十七年の日露戦争勃発で、田原には学究上、心理的抑鬱があったはずである。のちにアショフは「田原は戦争のことはなにも語らなかった」と述懐している。田原を通し日本人の辛抱強さを見知り、彼も学究戦場の一兵卒だと理解している。後年、田原は若き日のドイツ留学時の師・アショフから無言の教えを体得し、「師の役割は弟子の自由な研究環境を整備することにある」と述懐している。

ここで親友・石原誠教授にふれる。彼もマールブルグ大学で学び、田原より一足早く帰国して九州帝大生理学教授に就任した。初講義は明治三十九年九月、ドイツ帰りの二十八歳の秀才青年である。彼は田原の業績を重視し、生理学的実験でこれを証明した。石原は内科学教授稲田龍吉と協力し、日本で最初の心電図記録に成功した。石原も田原と心臓研究の未来を見据える盟友だった。年齢は中山平次郎が最年長で、田原淳、石原誠の順だが、互いの弔辞は逆順となった。石原の弔辞は年上の田原が、田原の弔辞は最年長の中山がつとめた。石原は多趣味でゲーテを愛読したが、臨終枕辺でゲーテが死の間際に「もっと光を」と叫んだことを思いだし、光射す障子のそばに枕頭を移動させて臨終を迎えたという。

田原淳は大分県出身で、九大医学部の前身、福岡医科大学に赴任し福岡城近くの旧薬研《やげん》町、今の天神二丁目NTTビルの南東角に住んだ。薬研町旧居は敷地一五〇坪、一男三女の謹厳な父親だった。朝、二階家を出て徒歩十分で電車に乗り馬出に向かう。朝八時に研究室に着き、各部屋を巡回、帰宅時間もいつも決まっていた。教室でも常に質素で、無駄な電灯の使用を嫌いこまめに消し、研究室での標本つくりにも無駄なガス使用を避ける倹約家で、謹厳な性格であった。弟子の回想に「小柄でやや浅黒いお顔色、慈父の雰囲気があり、病院内の大通り隅の辺りを、古い中折れ帽子に小脇に風呂敷包みを抱え、足早に歩かれる姿は村夫子然であった」とある。

「教室は二階の階段脇一八平方メートルほどで、壁に絵なども無く、高く積んだ本が窓際を塞いでいた。講義は淡々、半眼風情で名調子の風情があった」と伝記にある（須磨幸蔵著『ペースメーカーの父・田原淳』梓書院刊）。古い時代の映画のシーンを想像させる。

田原淳の社会貢献

昭和五（一九三〇）年、田原は九大医学部長になる。初代医学部長・大森治豊から七代目、二年任期後、昭和六（一九三一）年十一月に別府九大温泉治療学研究所（現・九大生体防御医学研究所）が開設され、その初代所長に就任する。医学部長兼任の多忙を極めた。

温泉の医学利用はかつて田原が学んだ東大のベルツに始まり、別府の温泉湧出量・泉質の多様さは格別で、温泉療法の科学的舞台に格好の地となった。九大最初の付置研究所・初代所長の重責は田原の学識と人望に、さらに期待と責任の重さを加えた。昭和六年四月に養父・田原春塘を亡くす。日本は国家動乱期の門口にあり、昭和六年九月、満州奉《ほう》天《てん》郊外の柳条湖《りゅうじょうこ》の鉄道爆破を契機に満州事変が勃発、昭和七（一九三二）年には満州国が成立している。上海事変もこの年で、日本の上海派遣軍は、中華民国蒋介石盟主軍と戦って戦闘目的を達成、中国内の治安維持優先の中国側と停戦協定が整った。今日、これらの戦闘は日本軍部の大陸権益保持のための謀略と言われるが、その上海租界当時の天長節（四月二十九日）祝賀会場で、日本側要人席に爆弾が投げられた。要人席司令官が死亡、ほかの一人は右腕に、別の中華公使は右足に重傷を負った。重光葵《まもる》公使である。被害者たちは応急処置を受けたが、外務省の要請で九大第二外科後藤七郎教授が上海へ急行し、治療にあたった。

直後の停戦協定調印式に重光は介護者の支えで調印署名をすませ、翌日教授の執刀で右足切断手術を受け

田原淳胸像（九州大学病院内・東区）

ている。やがて傷口が癒え九大病院でリハビリを開始、その夏は、田原所長の温泉研究所で体力回復に努めた。

重光は、大分県大野郡生まれ、国東郡安岐町の本家の跡継ぎに田原同様に養子に出た。田原とは同郷で重光の以後の再起に大きな陰の力になっている。

昭和八（一九三三）年五月、田原は文部省命で満州の医科大学・医学専門学校、満鉄病院の病理学部視察に赴く。満州医科大学は前身が明治四十四年の満州病院で、大正十一（一九二二）年、奉天に設立され、昭和二年に吉林国立学校、ハルピン医学専門学校ができ、それぞれ病理学教室が置かれた。田原博士の仕事はこれら公・私の施設を隈なく廻り、将来の施策検討報告をすることであった。

満州の日本権益は明治三十八（一九〇五）年の日露戦争終結後からの歴史があり、田原博士はこの視察を最後に九大教授を退官した。昭和七年七月二十日である。十一月に名誉教授の称号を受け、博士は求められる揮毫書には常に「至誠通神」と書いた。退職後の記念胸像の裏に田原博士直筆のこの言葉が刻まれている。胸像は現在、九大病院臨床研究棟内にあるとわかり、近年、病理学教授の内諾を得て写真撮影もできた。

田原博士は退官後の昭和九年に、居宅横の十部屋ほどある持ち家を、豊前・豊後の後輩に向け「二豊学《にほうがく》寮《りょう》」として、県人子弟の医学部受験用学生寮に無償提供し、大分県人会の拠点にした。

後年、九大小児科遠城寺宗徳教授（元九大学長）も寮会長を務め、回顧談に「田原先生は親分気風は微塵もなく、淡々と聞き楚々と語られた」という。ご家族は、高浜虚子門人の妻・暢《のぶ》さんと、長男・駿也氏、長女・貞さん。駿也氏は昭和十二年、九大医学部卒で、第一内科に入局後に海軍医を志願し、十七年に旗艦乗艦中潜水艦魚雷を受け享年三十一歳で鎮魂の海に沈んだ。

博士は医の跡継ぎを失い、夫人も昭和二十年三月に病死、同年六月十九日の福岡大空襲で四十年暮らした田原居宅は全焼した。博士の長女・貞さんの念願であった記念碑が、博士没四十二年後に、郷里の菩提寺自性寺に建立されたという。

福岡最初の総理大臣

▽天神三丁目

【廣田弘毅生誕地と水鏡天満宮】　城山三郎著の『落日燃ゆ』は、廣田弘毅の悲劇的生涯を語る。昭和十一（一九三六）年に岡田啓介首相が陸軍の青年将校らに襲撃され、奇跡的に助かった二・二六事件がある。この事件後に廣田弘毅は岡田首相を継いで総理大臣に就任するが、組閣は軍部の干渉で難航する。その結果、廣田は準戦時体制を維持せざるを得なかった。戦後の東京裁判で唯一、文民官として戦争責任を背負い、しかし一切の弁明をせず生涯を終えた、郷土の宰相の誕生地が天神三丁目十二の角地である。

廣田弘毅の父・徳平は箱崎農家の次男に生まれ、十三歳のとき両親を失う。明治末、旧鍛冶町石屋の三軒の一つ、廣田家に年季奉公の徒弟に入った。主人の廣田徳右衛門夫妻に子がなく、徒弟と三人の貧しい石屋であった。一方、近所の蕎麦屋高野は、主人が早世し妻と長女・タケが商売を続けていた。徳右衛門は蕎麦屋の長女を徒弟の徳平の嫁に望み、媒酌人となって明治十（一八七七）年に結婚させた。翌年、長男・丈太郎（のちの廣田弘毅）が誕生した。廣田徳右衛門夫妻は、丈太郎を廣田家の養子にと懇願し、徳平は承知する。丈太郎のあとには弟・妹も生まれた。

長男・丈太郎は二十八歳で月成功太郎の次女・静子（二十一歳）と結婚する。月成家は玄洋社同人で自由民権運動の志士や累代に著名人を多数出している。福岡藩の中老家を継ぐ者や、甘棠館亀井南冥の娘が月成家に嫁に来るという具合であった。

廣田丈太郎は大名尋常小学校、福岡高等小学校、修猷館補充科から修猷館二年に編入し、修猷館を四番の成績で卒業した。当時の進路は一般に五高（熊本）であったが、彼は当時としては珍しく、一高（東大）を選んだ。卒業時、彼は『論語』にある言葉「弘毅」に惹かれ改名を考えた。『論語』「泰伯第八」に「曾子曰、士不可以不弘毅、任重而道遠、任以為己任、不而重乎、死後、後己、不亦遠乎」がある。若年でその教養に驚きを感じる。しばしば参禅する少林寺和尚に相談をし

寂しげに建つ廣田弘毅誕生地碑

た。当時の改名は僧籍に入る必要があり、和尚の配慮から改名が実現した。和尚はその意を諭す。「曾子が言われた。士人はおおらかで強くあれ、任務は重く道は遠い。仁を己の責務とわきまえ、何とその責任は重いことか、死ぬまで止めない、何と遠い道ではないか」（宇野哲人『論語新釈』講談社学術文庫）。後世の広田の人生魂胆に宿る改名故事である。

廣田の東京裁判には、必ず次女・三女の姿があったという。公判後に静子夫人は巣鴨拘置所で夫と会い、その四日後に六十二歳で亡くなる。覚悟の死であったという。廣田家の菩提寺・聖福寺に眠る。弘毅は刑執行前に妻の死を知ったが、自らの墓碑戒名は断った。廣田の刑は昭和二十三年十二月二十三日深夜に執行された。行年七十歳であった。

廣田弘毅が浄書した文字を
扁額にかかげた水鏡天満宮

話は遡る。小学生の丈太郎が浄書した文字を、幼いせがれの成長を願う父親徳平が心を込めて彫った石額文字が、水鏡天満宮鳥居にある。菅原道真は書の権威で、それにあやかった話である。

旧電車通りに面した水鏡天満宮由緒を紹介する。昌泰四（九〇一）年二月、博多浜に着いた菅原道真は、大宰府へ向かう途中、水が清らな川で休息しやつれた顔を水に映した。再びこの川を戻ることもあるまい、「最初で最後の死に至る川」と嘆いて、「始終《しじゅう》川」「四《し》十《と》川」（現・薬院川）と呼んだという。道具公を祀るその水鏡天満宮は今泉町にあったが、慶長十七（一六一七）年、黒田長政が社殿を現在地に移した。また水鏡天満宮は、その由来から容見《すがたみ》天満宮とも呼ばれる。

今泉一丁目の旧社殿跡「余香殿」玄関に「容見天神故址」の石碑があるが、天神様がそこから現在地にやってきた謂れから、「天神町」町名が生まれたという。

また、廣田首相顕彰記念立像は福岡市立美術館傍らにある。玄洋社ゆかりの進藤一馬元市長の厚い志がこもる碑文がある。

【周辺スケッチ】 昭和通り天神交差点で、紳士服店西側の路地を北に歩く。細く長い路地がまっすぐ一〇〇メートルほど続き、路地が尽きる手前付近に民家裏口がある。そこに淋しげな石碑がある。廣田弘毅誕生地碑であり、碑の揮毫は宗像出身・出光佐三氏である。立派な廣田顕彰碑が別にある一方で、ここの碑のなんと侘びしい姿かと、郷土人としてしのびなく思う。

曹洞宗安国寺

▽天神三丁目

【熊谷玄旦翁碑と飴買女碑】 安国寺は太湖山と号する曹洞宗の寺院である。創建は、足利尊氏が光明天皇の勅で国家安泰を祈願し全国に安国寺を建てるとき、延元四（暦応二・一三三九）年、豊前中津にも安国寺を創建、賢雄文啓大和尚が開山した。

黒田長政が中津在城の時、安国寺住持・天翁禅師と互いに崇敬・親交したよしみで、福岡転封後の慶長五年、禅師の懇願で豊前安国

安国寺門

寺を移した。長政の伯父・黒田修理利則（如水の弟）や栗山備後利晴の霊位を祀り六六〇年余の歴史を持つ。境内の墓碑三つを紹介する。

一つは熊谷玄旦翁碑である。碑面に周防岩国出身で、東京帝大卒第一回生で、現九大病院の先駆者大森治豊と共に福岡に赴任、三十年間この地で医学に貢献したとある。翁の功績を讃え、昭和二（一九二七）年に福岡県医師会が建立した碑である。別で紹介するが、碑文は簡単に読みとれる刻文でもなさそうである。

二つ目が黒田家臣・母里太兵衛家累世之墓碑である。

安国寺にある母里家墓碑

堂々たる碑で黒田家が重用した臣下累代に対する藩の信義が窺える。

三つ目が、福岡・博多巷間の伝承話「飴買幽霊話」の墓碑である。偉人や豪傑の碑と並んだ、幽霊の墓碑は珍しい。古い時代の民間伝承である。

延宝七（一六七九）年、材木町（現・天神三丁目）傍の鍛冶町に老夫婦の飴屋があった。この店に毎日同じ頃に飴を買いに来る武家風の女の話である。

身なりは綺麗な奥方風で、雨風の日も休まず飴を買いに来る。買う飴は少量で支払いも僅かだが、毎日のことで、主人も気がかりになった。ある日そっとあとを追った。下駄の音も寂しく響き、やがて安国寺前に着く。薄明かりに浮かぶ奥方の背後の地に影はなかった。庫裡と反対の墓所に向った女はふっと姿が消えた。暫くすると墓場から赤子の泣声が聞こえた。主人は仰天し安国寺住職に一部始終を語った。当時墓掘りは、寺社奉行への届けが必要だったが、赤子を救う急場の時と、ほかの僧や寺男を動員して墓を掘り返した。新しい盛土の下、母の遺体の傍で女児が声をあげた。女児は間もなく亡くなり、母親の遺骸とともに手厚く葬られた。子を思う母の執念が涙を誘い、多くの人が墓参りに来た。この説話は婦女の安産祈願、乳の出が少ない若い母親の祈願墓所となって今に伝わる。

墓碑戒名に「……院殿大姉」とあるが、江戸時代に院号の付く墓碑は少なく、藩主や家老職、豪商、また寺に多大な貢献をした人以外に院号は用いられなかった。このことから、当時、千石以上の分限帳に載っている人妻ではないかとの推論が生まれ、武家の奥方ではと想像されている。墓碑の腰に小さく膨らむ部分は、合祀した赤子の墓の部分という。

明治・大正期のこの地の幽霊話は、大半は「優しく、妙に陰湿さの少ない幽霊」が特徴で、現世の姿で足も見え、足音もするという。陽気な雰囲気が多く、博多弁で出てくる幽霊もあったという。

婦人が難産で亡くなった幽霊が「産女《うぶめ》」で、母子共に亡くなると「怪鳥」になると信じられた。血にまみれた姿で産児を抱かせようとしたり、幼児の泣き声で夜空を飛んで来て、子供に危害を及ぼそうとする、「ウブメ鳥」の名がついた。寝つきの悪い子、いたずらっ子には怖い昔話であった。婦女が子を産んで育てる倫理観の下地として、あえて怖い話となったのだろうか。

現代の常識ではありえない墓所の赤子の誕生話も、現代の無惨な子殺し風聞を思えば、昔はこういう説話が多く語られ、人の心の中に語り継がれて分別が育ったのかもしれない。

【周辺スケッチ】 昭和通り天神交差点を北へ向かう。「天神北交差点」大通り向い側はショッパーズビル。路地を西へ左折した先が、静かな安国寺前の通りである。安国寺山門両脇に仁王の阿吽像が睨みを利かせる。寺前を過ぎ突き当たりの通りを右に曲がれば、大涼山・浄土宗少林寺である。

浄土宗少林寺

▽天神三丁目

【長政夫人墓所】　大涼山と号する浄土宗の寺で、安国寺の西北に隣接する。黒田長政が中津から福岡へ移封した時、この近くに安国寺を移した。

開基の長譽恵順和尚は、下総国の人で、遠州天龍川の渡しで長政と出会う。話すうちに長政は和尚の人品にひかれ、やがて長誉恵順和尚に帰依する。慶長九（一六〇四）年に寺地三千余坪を寄進し、浄土宗昌林寺をおこし、後に昌の字を少の字に変え、少林寺を創建した。本尊は阿弥陀如来の立像で恵心作という。京都知恩院の末寺である。

寛永十二（一六三五）年、長政公夫人は江戸で亡くなるが、遺体は天徳寺に土葬し、遺髪をこの寺に納めて、仮の墓とした。黒田家は代々の信仰厚く、長政夫人の大きな五輪塔の墓や、藩主奥方、縁故者墓碑が寺院の裏庭にある。寺号は長政夫人の法名「大涼院」からついた。

以前は境内本堂の左脇を歩いて迂回し、墓碑を訪ねることができたが、近年になり幾重にも堂宇が増築され、以前のように下足で墓碑まで訪ねることはできなくなった。管理上避け難い寺の事情によることらしい。この寺が、福岡初の総理となった廣田弘毅が若き日に、自らの改名を相談した寺であった話は別で紹介した。

黒田長政夫人の五輪塔

【周辺スケッチ】　寺の前を南北に通る道は、かつて予備校生が多く通ったことから、「親不孝通り」の名が流行した。今は当て字で「親富孝通り」となった。福岡部を東西に走る二つの大通り、南の「昭和通り」と北の「那の津通り（長浜通り）」に挟まれ、天神三丁目と舞鶴一丁目境界を南北に貫通する通り名称である。

通りに面した天神三丁目側の中央に、黒田長政が寺地を寄進した少林寺がある。現在では繁華街の真ん中に寺が位置する格好となり、由緒ある寺社地の雰囲気は消え、門前は喧騒な賑わいである。

熊谷玄旦翁碑

▽天神三丁目

【九大病院創設時の副学長】 大森治豊博士と共に、今日の九大医学部創設に尽力した熊谷玄旦博士の顕彰碑が、曹洞宗安国寺の境内左にある。昭和二年建立の碑文は金文字鮮やかで、時代を経た今も鮮明である。境内左奥にある先が尖っている碑が熊谷博士碑、手前は旧鍛冶町「飴買幽霊」のこぶ付き母子碑である。見るべき風景もある。

顕彰碑文は一気に読解するには根気がいる。碑文を現代漢字・仮名遣いに変えて紹介する。少しでも理解がすすめば幸いである。

従五位医学博士熊谷玄旦先生碑

先生は嘉永五年周防国岩国の藩医熊谷白兎氏の第二子に生る　長ずるに及びて東部に遊学し明治十二年東京帝国大学医科大学を卒へ同年直ちに福岡医学校

中央区

長兼附属病院長に赴任し鋭意生徒教養の傍ら　同病院施設経営の衝に当り勤勉努力を以て後日九州帝国大学医学部が基礎を造るに至れり然るに明治三十三年欧米諸国に視察出張を命ぜられ帰朝後　即ち明治三十六年京都帝国大学の一分科と志て福岡医科大学設置せらるるや同教授に任ぜられ内科学講座を任し故大森博士と専ら力を戮せて創立事務に鞅掌せり而して明治三十八年医学博士の学位を受け同年五月願いに依り本職を辞すに及び福岡市及び福岡県医師会長に挙げられ同会の為に尽すこと復た多年基礎の鞏固なるに及び明治四十四年　偶ま病を得て同会長を辞し爾来風月に余生を楽しむこと十余年にして大正十二年十月二日病の為遂に永逝す　享年七十二福岡市材木町曹洞宗安国寺の墓塋に葬る　先生資性温厚に志て篤学の誉れ高く医育と療病とに専心没頭志て他を顧ざること殆んど三十年其間福岡県立病院より医科大学に昇格する際の如きは全く時運の推移に慮して画策の宜志きを得　斡旋努力の結果其の赫々たる偉業は現に九州帝国大学医学部や他大学に比して優越なる名声を有するに至れる所以なり　嗚呼先生の功績偉大なりと謂うべし夫人草野氏亦た令室の誉れなり二子を生む　長男修君父の業を継ぎて現に令名あり長女○紀子横道少将に嫁せり茲に県医師会は会員一致を経て　其の功績を不朽に表彰せんと欲し　白砂青松の所　先生墓域の畔に記念碑を建設す　蓋し名声永く松籟の響と世に相伝へんことを希ふと云爾

熊谷玄旦顕彰碑

曹洞宗大本山　貫首　勅特賜太陽真鑑禅師　篆額維
持
昭和二年三月　福岡県医師会建設　安国寺主　高階
瓏仙撰并書

［字義注］・戮《あわ》せて＝協力し／鞅掌《おうしょう》＝引受ける／墓塋＝大きく囲まれた広い墓所／云爾《しかいう》＝以上の通りの意味

【周辺スケッチ】　西側背中合わせ大通りに黒田藩由緒少林寺がある。

熊谷玄旦肖像（深田豊市編・博進堂刊『福岡県官民肖像録』より転載）

勝立寺創建と征討本営跡

▽天神四丁目

【宗教論争と明治の争乱本営跡】　慶長八（一六〇三）年、京都・妙覚寺唯心寺僧の日忠は、キリスト教徒であるイルマン旧沢や安都らと、博多区中呉服町妙典寺で宗教論争をした。当時イルマン旧沢達の博多布教は、常に仏教徒と衝突し、法論争で不利なキリスト教徒は、日忠を殺そうと大勢で包囲した。それを知った黒田藩士鳥居数馬ら四十人の武士が駆けつけ、「法義の問答、満座の衆は静かに拝聴せよ」と威圧した。僅か十八歳

征討本営碑

勝立寺門

の日忠は堂々と満座の中で論を張り、相手を論駁した。藩主長政はこれを大変喜び、キリスト教会所の土地を日忠に与え、慶長十年に寺を建立させた。これが「正興山勝立寺」の起こりである。

寺は西中島橋の西にあり、明治以後は動乱鎮圧の本拠地となった。

明治六（一八七三）年に嘉麻郡で起きた筑前竹槍一揆の群徒が、八木山を越え福岡襲撃に出発したという情報に、県庁は旧福岡藩軍事総監中村用六を鎮撫総監とし、勝立寺に「鎮撫隊総本部」の門札を掲げた。

予測通り群衆は博多に乱入、西中島橋から福岡城内に迫ろうとした。中島橋西岸の「枡形門」で大砲を構える態勢に群衆はひるみ、次第に南に追われ住吉周辺から春吉へ迂回、やがて姪の浜の一揆群と合流し、福岡城内の県庁に乱入した。大手門の柱に無数の傷が残されていたのは、当時の群衆の鎌や鍬の傷跡であったが、大手門遺構は平成十二年頃の不審火で焼け、歴史の証拠は消えたが、平成二十年秋、復旧された。構造上、多少の議論があったと聞く。

黒田藩が福岡防衛に築いた枡形門は、その暴動時に初めて防衛の役割を果たした。明治十年の西南戦争では福岡が補給・前進基地になり、勝立寺内に「征討軍本営」が置かれ、征討総督は初代福岡県知事となる有《あり》栖川宮熾仁《すがわのみやたるひと》親王が就いた。その本営の石碑は寺門脇に建っている。

枡形門は博多、福岡の境界門で西中島橋に位置した。城壁のように高く部厚い白壁土塀で枡形に区切られ、そこで通行人を検分したという。

福岡と博多を結ぶ主要な橋は東西の中島橋以外にも、現在の博多南部の住吉や、瓦町付近の房州堀あたりに架かる橋があった。

那珂川の西岸沿い北は川口まで、南は数馬門まで一キロの土塀が連なり、博多側に鉄砲穴が並んだ。南側の土塀は明治八年の県庁舎新築時に壊されたが、北側塀は明治十五年に就任した県令岸良俊介が旧鹿児島藩士の由縁から、旧藩時代の施設に執着強く、壊すことに反対し明治二十二年まで姿を残していたという。

【周辺スケッチ】　博多部から昭和通り沿い那珂川の西中島橋を渡れば、城下町・福岡部の橋口町である。

　城下入口として、さまざまな屋敷があった一帯で、枡形門は警備上の門であった。昭和通り西中島橋から天神に入り、最初の右角を曲がった先に、唯心寺の僧・日忠が黒田長政から土地を与えられた「正興山勝立寺」正門がある。明治に何度かの戦闘拠点本部になった由緒の寺である。境内隅に黒田家の「播州明石家筑前領祖明石安正室・次女の墓」の巨石墓がある。

　付近には、明治新政府官営事業の電信局移設や、第十七国立銀行が開業したり、その銀行が火災で焼失した跡には、日本生命九州支店会館が竣工するなど、多くの歴史が残る。国指定重要文化財である現在の赤煉瓦文化館も、文化活動の拠点として、館内を自由に見学することができる。明治期、日本銀行本店や東京駅などを設計した著名な建築家・辰野金吾による洋風建築で、由緒ある建物である。

国重要文化財・赤煉瓦文化館

▽天神四丁目

【明治時代の古建築】　現在に残る明治時代の建築物として異彩を放つ、旧日本生命保険会社九州支店跡である。北九州にも似たような古建築があるが、福岡市では珍しい建築物の一つである。旧日本生命保険会社が九州支店開設のため、明治四十年に起工し、四十二年に竣工した。建築家の名は辰野金吾《たつのきんご》である。当時、斬新な建築で名をなした彼の足跡を辿る。

　辰野金吾は、安政元（一八五四）年、当時は肥前国（現・佐賀県）唐津藩の下級武士の次男と

赤煉瓦文化館（福岡市文学館）外観

して誕生した。安政元年は米国東インド艦隊司令長官のペリーと幕府が、日米和親条約を結んだ時で、佐賀藩といえば当時は薩摩・島津藩と双璧で西洋文化に大きく目を開く雄藩であった。のちに彼はまさに向学心に燃えた九州男児となる。十四歳で叔父の辰野宗安の養子に入り、十八歳の明治五（一八七二）年に上京する。その前年、明治四年には廃藩置県が実施され、やがて熊本の神風連騒乱や、明治十年の西南戦争へと過激に動いた時代である。上京した彼は翌年の明治六年、現在の東京大学に第一回生として入学し、明治十二年に造家学科（現・建築学科）を首席で卒業した。翌年にイギリスへ官費留学し、ロンドン大学で二年、あとの一年をフランス、イタリアに遊学し、帰国して帝国大学教授に就任する。明治二十一年、日本銀行本店の設計者になり、欧米の銀行建築調査に再び出発し、これらの調査・見聞を栄養として、明治二十九年に日本銀行本店は竣工した。

この後、東京帝国大学工科大学長を四年つとめて退官し、建築事務所を開いた。東京駅中央停車場の設計をし、さらに日本生命九州支店を竣工させた。国会議事堂建設では設計競技（コンペ）開催を主張し、大正六（一九一七）年に実現した。国会議事堂設計競技では審査員をつとめたが、最終選考直前のスペイン風邪大流行に巻き込まれ、大正八年に他界した。享年六十六歳であった。

赤煉瓦文化館「誕生一〇〇年祭」が、博多町家ふるさと館長を会長に、平成二十年十月から二十一年三月まで半年間、開催された。館の様子は現地に赴き、確かな時代の遺産に眼を注いでほしい。この館の内容はパネルの情報で十分に理解できるようになっている。あらたな関心が生まれることを期待するが、何よりもこの館が通弊な「飾り物記念館」でなく、現実の生活の息吹を漂わせていることに新鮮さを感じる。平然と百年の伝統を眼前に示す生きた建築物である。すばらしさを感じるばかりだが、このように現実感ある文化財は、何よりも大切である。パネルに、「今を生きる人たちに活用されて初めて、生きている一〇〇歳・赤煉瓦館だと確信し、これからもより多くの人たちに活用され続け、活きつづける赤煉瓦文化館でいてほしい」という言葉があった。

建築面積は二八八平方メートルで、屋根は緑の八角塔屋が天を指して聳えている。濃緑の屋根と赤レンガ壁が鮮やかな色彩を放ち、建屋の地面周囲はぐるりと地下に掘り下げられて窓がある。地下室の明り窓の役目という。

まずは遠目に雄姿を眺めてから、館に足を踏み入れ蘊蓄《うんちく》を得られることをお勧めする。遠きよき時代の香りが滲む貴重な古建築である。かつてこの界隈は夜、屋台の香りがしたが、今はすっきりと見通しもよくなり、文化の香りが漂っている。

【周辺スケッチ】　那珂川を渡り西中島橋の西南角、旧唐津街道筋を見据えて建つ。昭和通りに面する北西には明治騒乱期に「西南戦争征討本営」となった勝立寺もある。文化館の西隣に水鏡天満宮の古い鳥居がたち、路地壁は煉瓦塀である。路地先には小さな飲食店が並ぶ。赤煉瓦文化館の鉄扉を開くと、左手カウンターの内側一室が、郷土出身の文壇で著名な作家たちの業績が紹介されたコーナーである。

休館日は毎週月曜日（祝日の場合は翌日）、開館時間は九時から二十一時まで。入場無料（駐車場なし）。

藩校から九大病院まで

▽天神五丁目

【九大病院草創期と先駆けの医師たち】　九州大学医学部は、慶応三（一八六七）年の黒田藩校・賛生館をはじめとする。賛生館が土手ノ町堀端にあり、修猷館併設時代、及び仮病舎時代の福岡医院（明治五―九年）時代を「天神ノ町時代」と呼ぶことから、現在の天神五丁目界隈の話題とした。

明治十年代以後が東中洲（岡新地）時代になる。明治十年に福岡県区立福岡病院（医学校併設）、明治十二年県立福岡医学校、明治十六年に県立福岡甲種医学校（乙種薬学校併設）附属病院となり、明治二十一年に県立福岡病院へと変遷した。

明治二十四年に院長以下のスタッフが揃い、明治二十九年、「県立福岡病院」を基盤に「福岡医科大学設置」期成会が発足し、「千代の松原（東区）時代」へと発展する。以後、明治三十六年の京都帝国大学福岡医科大学、そして明治四十四年の九州帝国大学医科大学から、二〇〇三年の九州大学医学部創立百周年を迎えた。

明治三十六年の福岡医科大学第一回入学生数は一高（東京）から十四名、二高（仙台）十一名、三高（京都）七名、四高（金沢）九名、五高（熊本）七名、六高（岡山）八名、山口五名、そのほかから四名の総員六十五名だった。第二回入学も一高二十八名で東大より福岡医科大学志望が多かった。新設の医科大学は、青年の気概と向学心を刺激した。

今日の九大病院の設立に腐心した大森治豊学長は終生福岡で明治期の医学発展に尽くした。須崎裏町（現・天神五丁目）の自宅から那珂川を渡って通ったという。彼の立派な立像が九大病院内の庭園南に建っている。墓碑は箱崎馬出崇福寺にある。大森治豊と東大同期の内科学・熊谷玄旦《くまがいげんたん》が副学長だが、熊谷の記念碑は太湖山・曹洞宗安国寺本堂左横にある。

九州帝国大学医科大学となったあとも、大森治豊と熊谷玄旦は正副学長を務めた。佐賀出身の池田陽一は大森の四年後輩で、明治十八年四月に大森治豊・池田陽一のコンビで帝王切開手術を成功させ、福岡医学校の名を高めた。池田は橋口町住まいで、のちに橋口町（現・天神四丁目）に産婦人科病院を開いた。

大森治豊の名声に惹かれ、多くの医師が福岡に集まる。佐賀出身で岡山第三高等学校医学部（現・岡山大学）から、東大塩田外科を経て県立病院に赴任した溝口喜六は、ドイツ留学後明治四十二年に帰国し、須崎土手町に外科病院を開いた。後年、溝口は県医師会長時代に医学専門学校創立準備を始め、これに久留米市が市立病院を寄付し、ブリヂストンタイヤ創業者・石橋正二郎氏が用地を寄付し、昭和三年に「九州医学専門学校」が開校した。現在の久留米大学の誕生である。

【周辺スケッチ】それぞれゆかりの地は、今は当時の面影はすでになく古い地図で往時を偲ぶしかない。戦災を受けた名残と戦後の土地ブームによる開発で致し方ない変容だが、少なくともかつての地は今に呼び覚ます手がかりは残しておきたい。史跡はその手がかりで、貴重な現地案内板でもある。

大森治豊の略伝

大森治豊の実母・さくは五人の子をもうけたが、治豊九歳のとき、三十五歳の若さで他界した。父・快春

大森治豊肖像（宇留野勝弥編「医傑大森先生の生涯」より転載）

は、藩主の世話で家老の長女を後妻に迎え、治豊の義母となる。その母は明治三十九（一九〇六）年、七十四歳で亡くなるが、詳しい資料は乏しい。

治豊は明治十三年ごろ、前田タカ子と結婚する。タカ子は鹿児島子女、若き日に薩摩藩主側室に仕えた女性で、父親は大学東校（東大）校長という教育家だった。タカ子夫人は、福岡で気管支炎を患いはしたが余病などなかったのに、一子をなしたが出産後の二時間後に、三十一歳の若さで他界した。

治豊は幼くに母を失い、今また妻に先立たれたが、周囲の気遣いで後妻を迎える。東京府士族（旧長崎藩士族）長女・中村フミ子である。彼女は上京後十二歳で文部省管轄女学校、女子師範を出て東京英和女学校に奉職、岡山に転居した。そこで岡山医学校長の目に適い、治豊の後添い話が実現する。先妻の一子を良く養育したのも、その教育素養の賜物であった。その子は、商業学校を出て苦労もあったらしいが、詳しい資料は今となっては知れないし、詮索する話でもない。

治豊は嘉永五（一八五二）年、東京神田三河町生まれ、初め金十郎、のちに養真と改名しさらに治豊となった。父・大森快春は今の山形県上山《かみのやま》、上山藩松平氏九代・松平信《のぶ》庸《つね》公の漢方医の藩医であった。治豊は生後八歳で上山に移り、八年後に上京し大学東校（東大）に入学、明治十二年に卒業し福岡に赴任した。

親子は間違いなく似る。父親・快春の一徹さと、ことに際しての決断力は、親譲りで子の治豊に伝わった。大学創設に挑む明治十二年の治豊は、弱冠二十七歳の青年医師でありながら、次々と新たな発想を展開していった。玄洋医会を発足させ、月刊栞を発行し、県下を医師が巡回し医術の啓発などにとりくんだ。

彼は幾多の俊才朋友に恵まれ、親譲りの遺伝子で豪胆と果断の道を踏みしめている。東北人の素朴な人柄が、何にしても彼の壮途を支え、彼の熱意に報いる形で周囲が万端の力になった。彼を含めたエピソードのいくつかを上山市の開業医・宇留野勝弥氏の「大森先生の霊前に捧ぐ」（「医傑大森先生の生涯」昭和三十六年刊）より紹介する。

東北人特有の素朴さと粘り強さは、学校新設に際し、不可欠な俊才の獲得を実現していく。東北人の訥弁がじんわりと心深く、相手に響いたに違いない。学生たちは彼の聞きづらい口調を、「立板に水」の反語で、「横板に餅」と評した。それほど聞きづらい訛りの講義でも、訥弁が逆に学生を惹きつけた雰囲気が、十分に想像される。

また、治豊は親譲りの創意工夫の人だったようだ。明治二十九年、県立福岡病院を福岡医科大学に向け新築中、病室の窓の庇《ひさし》の日射角度に配慮したり、九州の石炭で蒸気式中央機関場を発案した。厨房給湯、病棟暖房一切をまかなう、我が国で初の大森方式を創案し、全国に名を轟かせた。随分昔、九大病院には蒸気機関場があり、終戦後長くスチーム暖房や、現場作業者用浴場の蒸気風呂に活かされていた。昭和四十年代初め、私もそこで汗を流した懐かしい思い出がある。

明治十三年、治豊着任後間もないころ、福岡の開業医と懇談会を開いた。就任早々で会則を定め、校外指導を企画した。これが明治二十三年ごろの「玄洋医会」地方医育の先駆けである。

医学校教師が班別で頻繁に地方に赴き、巡回診療、医学講演の実施、開業医の新知識啓発や臨床医の腕を磨く手助けをした。決しての象牙の塔の人々ではなかったのである。この啓発運動は、治豊が父から受け継いだDNA・進取で果断な気質の継承だったかもしれない。ひたすら懸案に立ち向かう姿勢は、何よりも生真面目な一徹さがあった。

「甲種医学校の四人は福岡県全県下を四分し、毎月適当な寺や学校、土地診療所に行き、益々医育に励んだ」とある。

記録は明治十七年当時と推察されるが、古い話でも高邁な意気込みが溢れ、埋もれるには惜しい逸話で、教訓的ですらある。

晩年の治豊を語る回顧談に、昭和七年の医学校物故者追悼会での武谷広教授の話がある。

武谷は明治三十五年に東大医科を卒業して二年後、当時創立機運のあった福岡医科大学内科助教授を希望し、かねて人を介し依頼していた。すると、明治三十六年の某日、治豊の東京の常宿先・森田館から急な電話で呼びだされ、面談に赴いた。

治豊が「君が武谷君か、どういうつもりか」と問うと、武谷は面会のお礼と志望本意を一時間余述べた。話がすむとただ一言、「よろしい、引き受けた」という返事だった。治豊は背が低く一見風采は見栄えしないが、若輩の武谷にも尊大な風はまったくなく、その人品に惹かれ好感を覚えたとある。

武谷は明治三十八年に内科助教授として赴任するが、治豊が非常な潔癖漢だとも知る。治豊の逸話として、大森下駄や、手術室の真っ赤な床の話が有名だった。とかく手術場の床は薬液や血のあとで凄惨な風景になる。そこで治豊は、いっそ床を真っ赤に染めてしまえば他愛ないだろうと床を染め、その上を高い下駄履きで歩いた。高下駄履なら足も汚れない上に、自身の短身をカバーでき、他の医師と同じ目線の高さで手術に臨めるという、治豊のユニークな発想だったという。

武谷が留学中の明治三十九年三月末に、治豊は軽い脳溢血を患った。帰国後に治豊を訪ねると、よく脳溢血について尋ねられたが、治豊のような大御所が、一介の青年医師である自分に素直に質問してくるとは、と武谷は感激を覚えている。

治豊は酒と煙草がこの上ない嗜好品だったことが、寿命を決めたのかもしれないと述懐している。

執筆にあたっては、大森治豊博士末裔者由縁の東京練馬区在住の大森裕子様の、快いご了承を得たことを付記する。

父子鷹大森快春と治豊

福岡医科大学設置勅令の明治三十六（一九〇三）年から数え、九州大学医学部・病院は平成十五（二〇〇三）年が創立百周年となった。明治三十六年の勅令で福岡医科大学は京都帝大の第二医科大学として設置され、解剖・外科・内科・眼科の四講座でスタートする。元福岡県立病院は大森治豊を学長兼付属医院長に迎え、新設大学で発展した。

東京大学医学部医学士第一号である外科学の大森治豊は、明治十二年に福岡に赴任、明治四十五年に他界するまで、三十余年を明治期福岡の医学発展に尽した。彼の人柄やエピソードは数多いが、既に遠い回顧になる。福岡に献身した医学者として、当時大きな信頼と崇敬を受けたことを、今一度思い返したい。

黒田藩菩提寺にある治豊の墓碑は、藩主や玄洋社各士の墓碑に伍す、報恩扱い以外の何ものでもないことがわかる。治豊が、常に有為な同輩・後輩医師に恵まれたのもその人徳であった。

世に父子鷹《おやこだか》という言葉がある。幕末の傑人・勝海舟と父親・勝小吉の父子鷹講談は一世を風靡し有名である。大森治豊の父もまた、果断な実行力に富んだ人であった。のちの大森治豊の実行力は、ユニークさで父勝りであり、父のDNAを間違いなく継いだ。

幕末の傑人・勝海舟父子の父子鷹に喩えて大森父子を語るとき、父・大森快春の逸話は抜きにできない。快春の墓所は山形県上山市軽井沢である。その浄光寺におもしろい言葉を刻んだ墓があるという。「おしゆるかた、たづぬるかた、ものをしらす石」と刻まれ、上山で著明な見聞随筆古文書「菅沼徳兵衛の稿」からの引用碑石であるとの注釈がある。

現地の郷土史で重用されたこの書のなかに父親・快春と子の治豊の気風を評した一文がある。「親子が似るのは当然だが、お互いの性格は極めて似た。酒好きは無二、瓜二つである」。治豊の生来の気質、晩期の気風は父の医者振りから十分に察しもつく。父・快春は豪快闊達な人柄で、医業の名声も高まり江戸で開業した。江戸将軍家から再々のお召しがあったが、なにが不服かこれに応じていない。何度か家財焼失の不幸もあり、晩年は上山藩侍医に招かれるが、逃げるように一家を連れ出羽辺境へ移り住んだ。将軍家の再々の招きに応じなかった理由は知る由もないが、憶測すれば、無類の酒好きの快春のこと、四角四面の宮仕えは性に合わぬと考え、己の処世気風には窮屈すぎると思ったのかもしれない。

快春の風変わりは徹底した。まず一つが、江戸から移り住んだ開業時、自分の薬局印章に「かつて将軍のお召しに応じなかった」旨を書いて人々に周知した。臆面なく弱みを語れる胆力があり、まったく快春の気風であった。二つに転居開業に際し、診療所に常に大きな酒樽を上下に重ね置いた。上樽は紳士用、下樽は裸足で薬を取りに来る奴《やつこ》さんや貧しい者専用とし、常に随意の振舞酒を用意した。酒好きならではの気遣いである。三つは患者への接し方。お灸が効くはずの肺患者に「どうせ死ねば全身が焼かれるんだ。死んだと思い灸で焼いてみたらどうか」と、患者に因果を含めた。患者が観念したうえで灸を据えると、ひと月ほどで患者は平常に戻った。再診後も六十四歳まで生きたという。四つ目、快春の見立て（診断）は的確で、僅かの気休め言葉もなかった。往診先で余命これまでと見立てれば、家族に敢然と一言「もとじゃ！」と告げた。「人は死ねばもとの土に戻る、もとじゃ！」。冷厳な現実を一言で伝えた。今なら患者が逃げる。

江戸から上山へ移ったのは四十七歳ごろで、脂ののりきった医師時代だったが、五十七歳で他界した。死因の察しは大方つくが、殊更のことでもない。上山藩の禄は表詰八人扶持の侍医、快春は一にも二にも異風の漢方医だった。治豊も後年は、父のそのいくつかの手法・流儀を工夫して用いている。十四―十五歳で父に付き従い、治療を手助けし若先生と呼ばれ、創意工夫を持ち味とした。父のそばにつきまとい、子鷹がその生きざまの一部始終を学び盗み、逞しく育った若き日の姿だった。

大森治豊を支えた医師たち

大森治豊は、明治十二（一八七九）年に福岡へ赴任して以来、明治四十五年に他界するまでの三十年余の間、福岡の医学に貢献した。治豊と同期の卒業である熊谷玄旦も、終始大森学長を副学長として支えた。明治十六年に婦人科部長と小児科・皮膚科を受け持ち赴任してきた池田陽一の活躍も、一層、草創期の九大の名を高めている。ここで熊谷玄旦、池田陽一、そして溝口喜六を選んで、病院創設時代を回顧する。

熊谷玄旦は、明治十二（一八七九）年十一月に大森と一緒に東大を卒業、福岡医学校に赴任した。治豊より二歳年下である。大森と出会ったのは、明治三年、大学東校（東大の前身）の寄宿舎に入った頃である。大学東校は、明治十年に東京大学となる。

同期生百名で、熾烈な試験地獄で淘汰され、明治十二年卒業生は僅か二十名であった。今と比べ何と厳しい卒業要件、医者の卵の育て方で鍛えられたかを知る。

東大在学時に悪疫コレラが流行、防疫の医師も少ないため彼らは現場に動員された。卒業生の大半は就職先が決まる時代で、福岡医学校はつぎの飛躍に向け、人材集めの最中だった。そんな時代に、熊谷玄旦は大森らと福岡に来る。

熊谷は嘉永五（一八五二）年、周防国岩国の藩医熊谷白菟の次男で、大学東校に学び明治十二年に東大を卒業、すぐに福岡医学校へ赴任し病院長となり、以来大森治豊とは生涯を福岡の医学に貢献、明治三十八年の依願退職後は福岡市及び福岡県医師会長に就く。明治四十四年に病で会長職を辞し、大正十二（一九二三）年十月二日、享年七十二歳で永眠した。彼の記念碑は旧材木町（天神町）の太湖山・曹洞宗の安国寺本堂左横に建つ。福岡医師会が建立した玄旦翁顕彰記念碑である。碑文は通読が困難だが、二人の子の父親でご長男は医師の道を踏まれ、ご長女も軍人に嫁せられたと刻字がある。

明治十二年に大森、熊谷に次いで池田陽一、真部於菟が着任し、甲種学校の要件である四名の教授がそろい、学生を卒業させて医師免許を与えることができるようになる。ほかに薬学士も着任し、陣容も整う。

池田陽一は佐賀出身で大森の四年後輩である。明治十八年四月に大森治豊・池田陽一コンビで帝王切開手術を成功させ、福岡医学校の名を高めた草創期の中堅医師である。居宅は橋口町（現・天神四丁目）住まいで、大森の須崎裏町（現・天神五丁目）に近かった。のちに池田は橋口町に産婦人科病院を開いた。

当時の池田陽一の回顧談を「大森先生の霊前に捧ぐ」（宇留野勝弥著）から紹介する。池田陽一を福岡へ招こうと大森が懸命に説得した様子や、新しい大学へ関心が向くような雰囲気づくりに必死な様子が、池田によっていきいきと語られている。

「私は明治十六年十一月、福島病院へ赴任前、少し時間の余裕もあり、福岡医学校を参観し、その足で福島へ行く算段をした。当時は鉄道無く大阪商船の便待ち。福岡参観後の間際に玄関先で、大森君が船便を遅らせろという。その夜は博多一方亭で私とゆっくり別れ話もしたいという。でもやがて気づけば、私は完全に福岡病院の虜であった」

大森は最初から池田の人格、識見を有為の人材と見抜き、池田に惚れ込んだ挙げ句の福岡参観招請、「一方亭」歓待の深謀遠慮だったという回顧談である。池田はのちも猛烈な治豊の説得を回顧しており、大森の東北人特有の訥弁が、心に真剣な言葉として沁み、気迫が全身に溢れていたという。そして明治十六年十一月、福岡甲種医学校教諭兼婦人科部長と小児科、及び皮膚科の兼任担当となり、辛くも福岡医学校は四人の学士充足で甲種学校資格を満たすことができた。当時、毎年学校廃校論を出し存続を危ぶませる県会議員もいたが、このスタッフ充足により、その後は無言の圧力を押し返し、存続と新規路線が可能になったという。

明治十八年四月二十八日、「福岡日日新聞」や「福陵新聞（九州日報）」に「国帝截開術」という記事が躍った。産婦は幸田といい、今の昭和通り沿い西中島橋袂に住む婦人であった。産気づいても出産できず病院に運ばれた。長時間の手術で産児は仮死状態だったが、看護婦の膝の上で気管支切開まで行い蘇生したという。池田の述懐に「当時の狭い

後列右・大森治豊と後列左・熊谷玄旦（宇留野勝弥編「医傑大森先生の生涯」より転載）

手術室を思い出すと感慨無量の光景」とある。この画期的な大手術の成果が新たな展望を拓き、医学校廃止論を終息させ、逆に学校病院予算が容易に県議会を通過することになった。この後、九州全土はおろか、中・四国、果ては朝鮮・台湾・上海からも患者が来るようになる、貴重な逸話である。

大森治豊の名声に惹かれ多彩有為な人材が福岡に集まり始めた。岡山第三高等学校医学部（現・岡山大学）から、東大塩田外科を経て県立福岡病院に赴任してきた佐賀出身の溝口喜六もその一人である。ドイツ留学後明治四十二年に帰国し、須崎土手町に外科病院を開いた。後年、溝口は県医師会長時代に医学専門学校創立準備を開始し、これに久留米市が市立病院を寄付。さらにブリヂストン創業者・石橋正二郎氏が用地を寄付し、昭和三年「九州医学専門学校」が開校した話は別で紹介した。現在の久留米大学誕生の嚆矢である。

患者の増加で病院増築・新築の緊急性が増す一方で、医育向上の必要も叫ばれ、これらを統一する構想のなかで、再び甲種学校廃止論が文部省で再燃する。やがてついに甲種学校は廃止決定となるが、その廃止は止むを得ないとしても、病院存続は守ろうという理念と展望が生まれた。当時の安場保和知事発意による生え抜き四人の医師が中心となり、福岡県内を分担し、医療の新知識普及や病院存続に向けた医療連携に、各地の開業医と協力態勢を築いていった。つまり甲種学校廃止の負の傾向にこだわらず、ひたすら病院充実に必要な環境作りを、新大学設置の前提として展開したのだ。

やがて福岡県立病院を母体にする京都帝国大学福岡医科大学の道が、確かな足音になって拓かれていった。大森治豊を支えた医師たちと地域のハーモニーも渾然一体であったという回顧談である。

警固神社と小烏神社

▽天神二丁目・警固三丁目

小烏神社本殿内部

【警固町と警固田】

警固《けご》の地名は、鴻臚館や博多湾沿岸警備の警固所と、そこの財政賄用の警固田所在地から名が起こったという。

時代を遡ると『三代実録』（八五八年―八八七年までの天皇編年の歴史書）に「大宰府報告の中に新羅の海賊が博多湾に入り船を襲い、大宰府からの兵はこの海賊を取り逃がした」との記事がある。これを発端に鴻臚館に警固所が附設された。大宰府防衛の総督府機能は白村江《はくすきのえ》敗戦の天智三（六六四）年以降、天平九（七三〇）年頃に諸国の防人が廃止され、泰平に慣れて防備も弱体化していた。そんな時の新羅海賊の出没が、博多湾沿岸警備・鴻臚館警固所の由縁である。

鎌倉時代になると、異国警固番役の武士の屯所となる。やがて筑前・黒田藩がその跡地を要害の地に選定した。黒田藩の学者・貝原益軒の『筑前国続風土記』の中の「神社由来概要」から紹介する。

「警固の神社は初めは福崎の山上、今の城の本丸にあった。社の左に警固藤なる古藤があり今も本丸にある。長政公が築城の際、警固の社を暫く下警固村の山上に移し、その後、慶長十三年、薬院町東の小烏《こがらす》の杜に移し祀った。警固大明神の警固の名付けは、いにしえ、ここに警固を所有し神も居られる場所柄から付いた」（巻之三）、「警固村は、いにしえ警固所があったからその村の名がついたか、あるいは警固大明神鎮座の地ゆえに村の名となったのだろうか」（巻之六）。

この記述から、現在の福岡城本丸跡が本来の警固所跡と推定され、博多湾を見下ろす丘陵地にあったことが推測できる。警固所のルーツを探すに、警固田と警固神社の関連を見る必要もある。「警固田」とは百町の水田を分けて置き、耕してその租税を警固所の年中雑用に充てた警固所賄財源の田である。警固の名の場所は昔、警固田がありその田を農民が先祖代々受け継ぎ守った場所であるという。いずれもその土地の産土神として警固大明神が奉祀されている。

　現在もその名残りの地が三箇所ある。一つ目が、中央区天神二丁目の警固神社、かつて福岡城址から移転した神社である。二つ目は南区警弥郷の警固神社で、昔の那珂郡上警固村である。三つ目が早良区四箇《しか》の警固神社、昔の早良郡四箇村農村部落の中にあった。三つの神社の詳述は省くが、祭神は神直日命《かんなおひのみこと》、大直日命《おおなおひのみこと》、八十枉津日命《やそまがつひのみこと》である。

　神功皇后は筑前国岩戸郷警固村に鎮座したが、三韓出兵の際に警固三神が軍衆を守護したので、凱旋後に「異賊襲来防護のため、福崎の丘に奉祀した」と中央区警固神社の社伝にある。この福崎の丘は平安時代の警固所跡で、天神の警固神社は城の本丸内にあったことから、本丸で誕生した二代藩主黒田忠之の産土神となる。江戸時代には特に藩の保護で寄進も多く、神社の経営は藩費で賄われた。それに比べ、他の二つは、小さな村の人々が産土神を奉祀し、社殿も小振りである。天神の神社も明治四年の廃藩置県後は村社になり、大正五年に県社に昇格した。

【周辺スケッチ】　福岡市天神国体道路沿いにある。戦後できた国体道路沿いの喧騒な一角にある。この門前西向かいに、九州帝大教授・田原淳教授の旧居跡の碑がある。周辺はまさに雑踏の中である。小烏《こがらす》神社は警固三丁目、桜坂に近い丘陵にある。

香正寺由来とりんもう橋

▽警固一丁目

【朝鮮帰化僧日延とりんもう橋】 日延《にちえん》は、朝鮮の役で加藤清正に破れた高麗王の孫で、日本に帰化し房州誕生寺の住持となった僧である。日延は御布施を一切受けなかったことが罪となり、房州を追われた。数十年後、筑前に来た日延は二代藩主忠之に厚遇された。薬院村に寺地を与えられ、宗像で廃寺となった香正寺《こうしょうじ》をここに移し、寛永九（一六三二）年、日蓮宗長光山香正寺として開山した。加藤清正の筆になる一遍首題もある。墓地には、開基の壇越由縁のお姫さまや、幕末の歌人大隈言道《おおくまことみち》、鶴原雁林などの墓がある。

　お姫様とは、戦国末期に黒田孝高（如水）が城攻めをした時、城主の父が不在の時に、自ら人質となり、母や兄弟の助命を申し出た姫の墓である。戦いの後は黒田家に身を置き、やがて長政の養女になって家臣に嫁入りし、「八代御前」と慕われた人である。

　さて昔、警固の辺りに「りんもう橋」が城内に向け架け渡されていたという。現在の国体道路沿い警固一丁目辺りは薬院川が城外を流れ、林毛《りんもう》町といった。藩主の囲碁相手として重宝された日延は、藩主と囲碁に熱中する間に大雨になり、舟が出せず帰れなくなることがしばしばであった。藩主は日延の往来に万全を期し、すぐ登・下城ができるよう、林毛町に橋を架けさせた。それが「りんもう橋」であり、碑が残った。この碑はかつての橋の袂、国体道路のビル脇にあった。昔と今を思い巡らす目見当の碑で、橋のまたの名を上人橋とも呼んだ。「上人橋の碑」は別に香正寺庭内にも保存されている。

現在は撤去されてしまった「りんもう橋」碑

　さて、驚いたことに「りんもう橋」の碑柱がもとの場所から消えた。その跡に自販機がたっている。消えた理由も、どこへ移されたかなど知る由もない。りんもう橋の故事を語り継ぐ碑が消え、由来を語る手がかりが消えた。根拠のない由来碑だったとは思えず、三〇〇年余の由緒の碑が、僅かここ二年近い間に消えてしまった。

この界隈を探訪する時、ここらが水辺、ここは川の中、そして昔の殿様の身勝手で橋が架かった場所と、由来を偲ぶ遠い説話の跡であった。史跡は古い文化の貴重な意味の場で、高尚な理屈も大事だが、何よりも素朴な史実をつなぐ原点として、貴重であったはずだが、どこに行ったのだろうか。

香正寺門

大隈言道碑

【周辺スケッチ】 国体道路を天神交差点から六本松方向に向かい、一キロほど先の右手に福岡中央病院がある。病院前T字路を左折し三〇〇メートルほど先の警固一丁目右手が香正寺である。

■参考文献

土井敦子『天翔る』新潮社、一九八八年
荻野忠行『有栖川宮と龍光院殿』梓書院、二〇〇二年
青木晃「福岡の歴史・近世各編、明治、大正年代の福岡」青木晃郷土史講座冊子（二〇〇〇―二〇〇七年）
武野要子『伊藤小左衛門』石風社、一九九九年
江島茂逸編『伊藤小左衛門』浜地万岳、一八九八年
宇留野勝弥編「医傑大森先生の生涯」私家版、一九六一年
諏訪原研『漢語の語源物語』平凡社、二〇〇二年
井伏鱒二『神屋宗湛の残した日記』講談社、一九九五年
武野要子『神屋宗湛』西日本新聞社、一九九八年
櫻井清『回想の緒方竹虎』王文社、一九五六年
松浦玲『還暦以後』、筑摩書房、二〇〇六年
早乙女貢『勝海舟をめぐる群像』青人社、一九九三年
成松正隆『加藤司書の周辺』西日本新聞社、一九九七年
桐山豪三『眼科医高場乱』不詳、一九七四年
河野静雲『河野静雲集』俳人協会、一九八五年
秀村選三『近世福岡・博多史料』西日本文化協会、一九八一年
夢野久作『近世快人伝』夢野久作全集第七巻、三一書房、一九七九年
川添昭二『九州史跡見学』岩波書店、一九八九年
川添昭二『九州の中世世界』海鳥社、一九九四年
中村浩理『郷土奇談』福岡県文化財資料刊行会、一九七〇年
川添昭二校訂『黒田家譜』文献出版、一九八三年
杉山満丸『グリーン・ファーザー』ひくまの出版、二〇〇一年
石瀧豊美『玄洋社発掘』西日本新聞社、一九八一年
服部英雄『景観にさぐる中世』新人物往来社、一九九五年
宮本又次『豪商列伝』講談社、二〇〇三年
櫻井徳太郎『私説柳田国男』吉川弘文館、二〇〇三年
田中健夫『島井宗室』人物叢書、一九八六年
川上音二郎『自伝音二郎・貞奴』三一書房、一九八四年
吉田豊編『商家の家訓』徳間書店、一九八四年
堀雅昭『杉山茂丸伝』弦書房、二〇〇六年
石村善右『仙厓百話』文献出版、一九九八年
五百旗頭真『占領期・首相たちの新日本』講談社、一九九七年
須磨幸蔵『世界の心臓学を拓いた田原淳の生涯』ミクロスコピア出版、二〇〇三年
西津弘美『立花宗茂・士魂の系譜』葦書房、二〇〇二年
田原淳『田原淳の一高青春日記』考古堂書店、二〇〇八年
柳猛直・財部一雄『大名界隈誌』海鳥社、一九八九年
入江寿紀編『筑紫史談』福岡県文化財資料刊行会、一九八〇年
頭山統一『筑前玄洋社』葦書房、一九八一年
上田篤『鎮守の森の物語』思文閣、二〇〇三年
吉永正春『筑前戦国史』葦書房、一九八八年
貝原益軒「筑前国続風土記」（益軒会編『益軒全集』巻之四、

国書刊行会、一九七三年）
青柳種信編輯『筑前国続風土記拾遺』筑前国続風土記拾遺刊行会、一九七三年
川添昭二『中世九州の政治・文化史』海鳥社、二〇〇三年
服部英雄『地名の歴史学』角川叢書、二〇〇〇年
松尾昌英『筑前の長崎街道』みき書房、一九九二年
川添昭二『中世・近世博多史論』海鳥社、二〇〇八年
藤本尚則『頭山精神』葦書房、一九九三年
頭山満談・薄田斬雲編著『頭山満直話集』書肆心水、二〇〇七年
井川総・小林寛『人ありて　頭山満と玄洋社』海鳥社、二〇〇三年
古川薫『翔べ羽白熊鷲』梓書院、二〇〇五年
服部英雄『峠の歴史学』朝日新聞社、二〇〇七年
渡辺正気『日本の古代遺跡34　福岡県』保育社、一九八七年
網野善彦『日本の歴史をよみなおす』筑摩書房、二〇〇五年
剣千年『日本史通になる本』オーエス出版、二〇〇三年
朝日新聞社『博多と町方衆』葦書房、一九九五年
丸山雍成・長洋一『博多・福岡と西海道』吉川弘文館、二〇〇四年
村瀬時男『博多二千年』以文社、一九六一年
博多人形沿革史編纂委員会編『博多人形沿革史』博多人形商工業協同組合、二〇〇一年
白水晴雄『博多湾と福岡の歴史』梓書院、二〇〇〇年
三宅酒壺洞『博多と仙厓』文献出版、一九七八年
平山公男『博多チンチン電車物語』葦書房、一九九九年
井上精三『博多郷土史事典』葦書房、一九八七年
中村浩理『博多八丁兵衛』福岡銀行、一九六二年
『博多灯台事件顛末記』山崎藤四郎稿、斉藤俊彦、一九六四年
柳猛直『ハカタ巷談』全四巻、ふくおか四季、一九七六年
佐賀新聞社報道局編『幕末佐賀藩改革ことはじめ』佐賀新聞社、二〇〇四年
中村彰彦『幕末入門』中央公論社、二〇〇三年
原田久『幕末維新と筑前福岡藩』不詳、一九九九年
工藤瀞也『秀吉と博多の豪商』海鳥社、一九九七年
中村浩理『肥筑豊州志』福岡県文化財資料集刊行会、一九七一年
『平野國臣』小河扶希子、西日本新聞社、二〇〇四年
『平野國臣の生涯』新人物往来社、一九九七年
日下藤吾『倒幕軍師平野國臣』叢文社、一九八八年
荻野忠行『広田弘毅と文化勲章』文献出版、二〇〇五年
松本健一『評伝・斉藤隆夫』東洋経済新報社、二〇〇二年
小宮邦雄『ふるさと歴史散歩』警固公民館郷土史研究会、一九八五年
後藤光秀『福岡歴史百景』葦書房、一九九四年
井上精三『福岡町名散歩』葦書房、一九八七年
荻野忠行『福岡城の瓦師』創元社、二〇〇四年
福岡市立総合図書館編「福岡文学散歩」福岡市立総合図書館、一九九六年

福岡県歴史教育者協議会『福岡歴史散歩　福岡・筑豊コース』歴史散歩刊行会、一九八一年
柳猛直『福岡歴史探訪　博多区編』海鳥社、一九九三年
柳猛直『福岡歴史探訪　中央区編』海鳥社、一九九六年
池田善朗『福岡都市圏の古い地名』二〇〇〇年、私家版
荒井周夫編纂『福岡県碑誌』大道学館出版部、一九二九年
「福岡県医蹟マップ」九州大学医学部百周年記念、二〇〇三年
深田豊市編『福岡県官民肖像録』博進社、一九一三年
須磨幸蔵『ペースメーカーの父・田原淳』梓書院、二〇〇五年
大島建彦『民俗信仰の神々』三弥井書店、二〇〇三年
多田茂治『夢野一族』三一書房、一九九七年
永畑道子『凛』藤原書店、一九九七年
服部英雄『歴史を読み解く』青史出版、二〇〇三年

おわりに

長い間、漠然と温めてきたことがやっと姿になりました。拾い集めた素材は、郷土史のなかの伝承、史実を俎上におく、脱線自在の探訪記です。正統な郷土史からはみ出し、伝承・説話・史実を勝手放題に鍋に放り込みました。ご存知のとおり博多料理の「がめ煮」は、材料が牛蒡、人参、里芋、こんにゃく、かしわなどと多彩で、しかも手間と時間をかけて煮込んだ味は、一段と舌にしみ入る郷土料理です。辛党の酒肴にも十分で、見た目以上の味が自慢の料理です。がめ煮の具材の多さと、混然と煮込まれた味覚を連想し、博多がめ煮風の雰囲気をかりてタイトルにしました。できれば道草のひと休みに、若い人たちにも読んで貰えたらと、ひそかな期待があります。少年時代のふとした関心が、長い年月を経て探訪心の芽に育つかもしれない、そんな思いがしています。

思えば私自身も若い頃からつい先ごろまで、「歴史理解とは、いつどこで、誰が何をどうした」の視点さえあれば十分と信じ、それが歴史理解だと思って年を重ねてきました。やがて年を経て自分に自由な時間が豊富になった頃、少し勘違いしていることにふと気づきました。報道原則まがいの要件を満たしたとしても、時代の実像は見えてきません。歴史は、生身の人間が苦悩し模索し、失敗を重ねた過ちなどが、時代証拠として残る実話だと思い知りました。本当の歴史理解は、昔の多様な生活の中をもう一度、深く見直すことにあると思うようになりました。

若い時代に走馬灯まがいに学んだ歴史は、報道要件に近い理解が普通だったように思われ、歴史が秘めたる教訓や英知を安易に見落し、至極簡単な歴史パズルの解答探しだったように思います。事件と年号の一致が歴史という早計、そんな悪弊に私も陥っていたようです。

身辺で賑やかな歴史ブームは、実はパズルゲームを楽しむ姿にも似ているように思います。パズルゲームからは歴史の深みは学べるはずもありません。歴史を大変よく理解する人には、実は高い教養に裏打ちされた見識と誇りがあります。老年者に限らず若い人が、歴史の教訓に僅かでも気づき、少しでも自らを育むことは、とても大切な人生勉強だと思います。恥ずかしい話ですが、退職前の、余生に踏み出す一歩手前で、突然私はそう感じました。相当の人生を経てやっと、歴史勉強の意味を実感できたように思います。

一つ挿話を挟みます。よく知られている柳田国男の『遠野物語』は、一人の東北の若者が語る、不思議な土地の伝承話を柳田が知り、それを人に伝えようと柳田自らが小部数の自費出版をしました。『遠野物語』として世に広まる動機でした。柳田国男は今で言う農林官僚だったのです。東北農村を仕事で廻る間に、たくさんの伝承を集めて世に紹介したのです。今日では官僚への風当たりも厳しいものがありますが、当時の柳田農林官僚の正体は、実は官僚ながら有能な文学者だったのです。

彼の逸話を若い頃、本で知っていたことを思い出し、柳田国男ばりに負けじと歩き始めてすでに十年を過ぎました。幸い大きな病いにも遭遇しなかったことは、何よりの幸運でした。

末尾になりますが私の一人遊びの小著に、大きな励ましの序言をいただいた服部英雄先生（元文化庁文化財保護部、現九州大学教授）に心から感謝を申し上げます。さらに刊行に際し、多大な助言をいただいた海鳥社・西社長、乱雑な草稿に細心の配慮をいただいた柏村氏ほか、編集子各位にあらためて御礼申し上げます。

お陰でさらに次のステップへ向かう、新たな勇気を実感しております。

空閑　龍二

二〇〇九年　新春

空閑龍二（くが・りゅうじ）
1938年，博多中対馬小路生まれ。福岡県立香椎高等学校卒業後，九州大学へ40年余勤務。1997年に退職ののち，それまで関心のあった歴史探訪を本格的に始める。（社）「福岡の歴史と自然を守る会」会員。機関誌「ふるさとの自然と歴史」に2007年7月から2008年1月にかけ，久保猪之吉（九州大学病院耳鼻咽喉科教授）とその夫人が，俳句を通じ福岡の文化に大きく貢献し，知名士たちとも交流した実像を4回に渡り連載した。

福岡歴史《ふくおかれきし》がめ煮《に》【博多区《はかたく》・中央《ちゅうおう》区《く》編《へん》】

■

2009年３月１日　第１刷発行
2009年５月20日　第２刷発行

■

著者　空閑龍二
発行者　西　俊明
発行所　有限会社海鳥社
〒810-0074 福岡市中央区大手門３丁目６番13号
電話092（771）0132　FAX092（771）2546
http://www.kaichosha-f.co.jp
印刷・製本　大村印刷株式会社
ISBN 978-4-87415-720-6
［定価は表紙カバーに表示］